理科授業の理論と実践

―子どもの「すごい！」を引き出す手作り授業―

宮下　治・益田裕充　著

関東学院大学出版会

はじめに

　我が国の子どもたちの学力に対する課題を踏まえ、2008年3月に告示された小学校学習指導要領の総則には、「各教科等の指導に当たっては、児童の思考力、判断力、表現力等をはぐくむ観点から、基礎的・基本的な知識及び技能の活用を図る学習活動を重視するとともに、言語に対する関心や理解を深め、言語に関する能力の育成を図る上で必要な言語環境を整え、児童の言語活動を充実すること。」と記されました。

　言語活動の充実は、国語だけで行えばよいというものではありません。理科をはじめとする各教科等においてはぐくんでいくことが必要です。かといって、ただ理科授業に言語活動を取り入れればよいというものではありません。大切なことは、理科の学習活動の中で言語活動を行い、子どもの思考力、判断力、表現力等をしっかりとはぐくみ、確かな自然観をはぐくみ、自然大好きな子どもをはぐくんでいくことが重要だと考えます。

　ところで、いわゆる「理科嫌い・理科離れ」が小学校高学年から増えはじめ、中学生、高校生の段階で急増するという我が国の大きな教育課題があります。理科大好きな子どもをはぐくむためにも、身近な自然事象についての観察、実験、ものづくりなどの直接体験を通して、子どもから「すごい！」と声が上がるような、興味と関心を引きつける理科授業を行っていくことが重要と考えます。不思議で面白い自然事象に遭遇することで、子どもたちは発見自体を楽しんだり、何故そうなるのかと考えたり、実際に確かめたり、結果を表やグラフに表したり、考察を発表したりと、自然事象に対する学びは膨らみ、深化していきます。こうした、子どもの「すごい！」を引き出す一連の理科授業を繰り返し繰り返し行っていくことにより、子どもたちの言語活動を通した思考力、判断力、表現力等をしっかりとはぐくみ、確かな自然観をはぐくみ、自然大好きな子どもをはぐくんでいくことができるものと考えます。

　本書は、こうした考えに基づき、子どもの「すごい！」を引き出すための

理科授業の理論と実践についてまとめたものです。現職の小学校や中学校の多くの先生方、そして先生をめざしてしている多くの学生のみなさんに読んでいただき、多少なりこれからの理科授業をしていく上での参考としていただければ幸いです。

　また、本書は、我が国の小学校、中学校における理科教育の充実と発展を願い、理科教育や学校教育に対して同じ熱い思いをもち、同じような経歴をもち、そして、同時に同じ大学院から博士（学校教育学）の学位を取得した宮下　治と益田裕充とが一緒になって作成しました。今回、二人の思いの詰まった本書を出版できることを幸せに思います。

　終わりに、本書を作成するに当たり、著者の一人である宮下が本務校として授業を受けもっています関東学院大学小学校教諭養成課程の学生、並びに講師として授業を受けもっています武蔵野大学小学校教諭養成課程の学生のご協力を得ました。ここに記して感謝申し上げます。また、本書が出版できたのは、2010（平成22）年度関東学院大学出版会の出版助成の交付によるもので、記して感謝を申し上げます。そして、出版と編集に格別のご配慮とご尽力、そしていつも温かい言葉をかけていただきました関東学院大学出版会編集長の四本陽一氏には、心からお礼を申し上げます。

　　2011（平成23）年8月

宮　下　　　治

益　田　裕　充

目　次

はじめに …………………………………………………………………… iii

第1部　子どもの「すごい！」を引き出す理科授業
　　　　―理　論　編― ……………………………………………… 1

第1章　思考力、判断力、表現力を育成する理科授業 ………… 3
　1.1　日本における理科の学力の現状と課題 ………………………… 3
　　1.1.1　IEAによる国際数学・理科教育調査（TIMSS）の結果 …… 3
　　1.1.2　OECD生徒の学習到達度調査（PISA）の結果 …………… 5
　　1.1.3　TIMSSとPISAの調査結果から …………………………… 9
　　1.1.4　理科の勉強は楽しい？ ………………………………………… 9
　1.2　学習指導要領（平成20年3月告示）にみる理科の特徴 …… 12
　　1.2.1　学校教育法の改正と学習指導要領の改訂とのかかわり … 13
　　1.2.2　理科の課題と改善の基本方針 …………………………… 13
　　1.2.3　理科教育の充実に向けた改善の具体的事項 …………… 15
　　1.2.4　新しい理科の目標と内容 ………………………………… 17
　1.3　理科授業における「思考力、判断力、表現力」の育成 ……… 19

第2章　理科授業の構成 ……………………………………………… 23
　2.1　授業づくりに求められる現代的な教育の課題 ……………… 23
　2.2　言語活動の充実と思考力・判断力・表現力の育成 ………… 24
　2.3　認知的葛藤と言語活動の充実による授業 …………………… 26
　　2.3.1　授業の実際 ………………………………………………… 28
　　2.3.2　脊椎と背骨から引き出される認知的葛藤 ……………… 31
　2.4　問題解決の過程 ………………………………………………… 35
　　2.4.1　課題で授業の成否が決まる ……………………………… 36

2.4.2　課題をつかむまでのストーリーを描く ………………… 37
　　2.4.3　予想を言語活動で仮説に ……………………………… 38
　　2.4.4　観察・実験と板書の機能 ……………………………… 41
　　2.4.5　結果を整理し表現する ………………………………… 42
　　2.4.6　言語活動の充実による考察 …………………………… 42
　　2.4.7　問題解決の過程に「表現」の過程を位置づけること …… 43
　　2.4.8　言語活動の充実と他者への説明 ……………………… 44
　　2.4.9　考察とまとめ（結論）………………………………… 44
　2.5　問題解決の過程を重視した理科学習指導案 ……………………… 45

第3章　学習内容の系統性とカリキュラム ……………………… 49
　3.1　学習内容と教材の系統性 …………………………………………… 49
　3.2　小・中学校カリキュラムの系統性の検討 ………………………… 50
　3.3　学びのストーリー性をマネジメントする学習内容とは ………… 52
　3.4　子どもの発達とカリキュラムの創造 ……………………………… 54
　3.5　学ぶべき知識の減少は学習を易しくするのか …………………… 59

第4章　教師としての成長と理科授業研究による授業力の向上 … 63
　4.1　学習科学研究と教師の熟達 ………………………………………… 64
　4.2　授業研究会を評価する観点とは …………………………………… 66
　4.3　発問と間をめぐる教師の成長 ……………………………………… 68
　4.4　説明の公準をめぐる教師の成長 …………………………………… 74

第2部 子どもの「すごい！」を引き出す理科授業 ―実 践 編― ……………… 77

第1章 よりよい理科授業の作り方 ……………… 79
1.1 子どもの「すごい！」を引き出す手作り理科授業の工夫 …… 79
 1.1.1 教師が「楽しい」「ウキウキする」と感じる
    理科授業の工夫 ……………… 79
 1.1.2 子どもの「すごい！」を引き出す理科授業 ……………… 80
1.2 理科授業におけるPDCAサイクル ……………… 81
 1.2.1 授業の計画（Plan）……………… 82
 1.2.2 授業の実施（Do）・評価（Check）・改善（Action）……… 83
1.3 理科授業における到達目標の明確化 ……………… 84
 1.3.1 観点別到達目標を立てる ……………… 84
 1.3.2 観点別到達目標を表す行為動詞 ……………… 85

第2章 教師をめざす大学生がつくる理科授業 ……………… 89
2.1 5年生理科授業の工夫－振り子の運動－ ……………… 89
 2.1.1 学習指導計画 ……………… 89
 2.1.2 授業者の振り返りと思考力、判断力、表現力の
    育成へのつながり ……………… 95
2.2 5年生理科授業の工夫－植物（ドングリ）の発芽－ ……………… 96
 2.2.1 学習指導計画 ……………… 96
 2.2.2 授業者の振り返りと思考力、判断力、表現力の
    育成へのつながり ……………… 103
2.3 6年生理科授業の工夫－水溶液の性質－ ……………… 104
 2.3.1 学習指導計画 ……………… 104
 2.3.2 授業者の振り返りと思考力、判断力、表現力の
    育成へのつながり ……………… 110
2.4 6年生理科授業の工夫－土地のつくりと変化－ ……………… 111
 2.4.1 学習指導計画 ……………… 111

2.4.2　授業者の振り返りと思考力、判断力、表現力の
　　　　　育成へのつながり ……………………………………… 118

第 3 章　プロの教師がつくる理科授業 ……………………… 121
3.1　4 年生理科授業の工夫 – 金属、水、空気と温度 – …………… 121
　　3.1.1　学習指導計画 …………………………………………… 121
　　3.1.2　プロの教師がつくった理科授業の工夫点 ………………… 128

第 4 章　よりよい理科授業をめざして ……………………… 131
4.1　言語活動の充実を図る理科授業のポイント …………………… 131
　　4.1.1　学習指導要領で求められている言語活動 ………………… 131
　　4.1.2　理科授業のポイント ……………………………………… 132
4.2　先生と先生をめざす学生に期待すること ……………………… 133

おわりに ……………………………………………………… 137

第1部

子どもの「すごい！」を引き出す理科授業
―理論編―

第 1 章　思考力、判断力、表現力を育成する理科授業

1.1　日本における理科の学力の現状と課題

　児童・生徒の理科の学力について、国際比較調査を行った結果がある。1つは、国際教育到達度評価学会（IEA）が行っている「国際数学・理科教育調査（Trends in International Mathematics and Science Study, TIMSS）」がある。また、もう1つは、経済協力開発機構（OECD）が行っている「国際学習到達度調査（Programme for International Student Assessment, PISA）」がある。IEA調査（TIMSS）は算数（数学）と理科の教育到達度を測る試験が中心であり、OECD調査（PISA）は知識活用力と課題の解決力をみる試験が中心になっている。まずは、これらの調査概要を紹介しておく。

1.1.1　IEAによる国際数学・理科教育調査（TIMSS）の結果

　この調査の目的は、「初等中等教育段階における算数・数学及び理科の教育到達度（educational achievement）を国際的な尺度によって測定し、児童・生徒の環境条件等の諸要因との関係を参加国間におけるそれらの違いを利用して組織的に研究することにある。」とされている。つまり、学校教育で得た知識や技能がどの程度習得されているかを評価するためのもの、学校で習う内容をどの程度習得しているかをみるアチーブメント・テスト的なものととらえることができる。調査は4年ごとに行われ、この国際的な調査結果を用いて各国の教育方針に役立てていくというものである。

　TIMSSの名称が付記されたのは、1995年に実施した第3回国際数学・理科教育調査（TIMSS）からであり、同調査では第4学年（小学校4年生）と第8学年（中学校2年生）を対象に調査を行い、1999年に実施した第4回国際数学・理科教育調査（TIMSS）では、前回の調査に参加した第4学年（小学校4年生）の児童が成長した第8学年（中学校2年生）にて調査が行われた。

これに続き4年ごとの2003年、2007年に第4学年及び第8学年を対象とした国際数学・理科教育調査（TIMSS）が行われている。これらの調査に基づき、参加国の上位10位までを並べたものが表1.1と表1.2である。表1.1は、小学校4年生の調査結果を、表1.2は中学校2年生の調査結果を示している。得点は参加国の平均得点を500点として換算されている。

その結果、小学校4年生の理科における日本の順位は、1995年のTIMSSが2位（575点）、2003年のTIMSSが3位（543点）、2007年のTIMSSが4位（548点）となっている。なお、1999年には小学校4年生の調査は実施されていない。

そして、中学校2年生の理科における日本の順位は、1995年のTIMSSが3位（571点）、1999年のTIMSSが4位（550点）、2003年のTIMSSが6位（552点）、2007年のTIMSSが3位（554点）となっている[1〜6]。

小学校4年生、中学校2年生ともに、順位に変動はあるものの参加国数の増加や得点そのものに大きな変化はなく、学校教育で学んだ知識や技能の習得において、日本は高いとみることができる。ただし、1995年の調査では小学校4年生は574点、中学校2年生は571点であったのに対して、それ以降の調査では、小学校4年生で540点台に、中学校2年生で550点台に低下していることは大きな課題であるととらえることができる。

表1.1　IEAによる国際数学・理科教育調査(TIMSS)理科の結果(小学校4年生)

	TIMSS（1995年調査）			TIMSS（2003年調査）			TIMSS（2007年調査）	
順位	国／地域名	得点	順位	国／地域名	得点	順位	国／地域名	得点
1	韓　国	597	1	シンガポール	565	1	シンガポール	587
2	日　本	575	2	台　湾	551	2	台　湾	557
3	アメリカ	565	3	日　本	543	3	香　港	554
4	オーストリア	565	4	香　港	542	4	日　本	548
5	オーストラリア	562	5	イギリス	540	5	ロシア	546
6	オランダ	557	6	アメリカ	536	6	ラトビア	542
7	チェコ	557	7	ラトビア	532	7	イングランド	542
8	イギリス	551	8	ハンガリー	530	8	アメリカ	539
9	カナダ	549	9	ロシア	526	9	ハンガリー	536
10	シンガポール	547	10	オランダ	525	10	イタリア	535
参加国数：(41)か国／地域			参加国数：25か国／地域			参加国数：37か国／地域		

表 1.2 IEA による国際数学・理科教育調査(TIMSS)理科の結果(中学校 2 年生)

TIMSS（1995 年調査）			TIMSS（1999 年調査）		
順位	国／地域名	得点	順位	国／地域名	得点
1	シンガポール	607	1	台 湾	569
2	チェコ	574	2	シンガポール	568
3	日 本	571	3	ハンガリー	552
4	韓 国	565	4	日 本	550
5	ブルガリア	565	5	韓 国	549
6	オランダ	560	6	オランダ	545
7	スロベニア	560	7	オーストラリア	540
8	オーストリア	558	8	チェコ	539
9	ハンガリー	554	9	イギリス	538
10	イギリス	552	10	フィンランド	535
参加国数；41 か国／地域			参加国数；38 か国／地域		

TIMSS（2003 年調査）			TIMSS（2007 年調査）		
順位	国／地域名	得点	順位	国／地域名	得点
1	シンガポール	578	1	シンガポール	567
2	台 湾	571	2	台 湾	561
3	韓 国	558	3	日 本	554
4	香 港	556	4	韓 国	553
5	エストニア	552	5	イングランド	542
6	日 本	552	6	ハンガリー	539
7	ハンガリー	543	7	チェコ	539
8	オランダ	536	8	スロベニア	536
9	アメリカ	527	9	香 港	530
10	オーストラリア	527	10	ロシア	530
参加国数；46 か国／地域			参加国数；50 か国／地域		

1.1.2 OECD 生徒の学習到達度調査（PISA）の結果

　この調査の目的は、「経済協力開発機構（OECD）加盟国における義務教育の終了段階にある 15 歳の生徒を対象に、数学的リテラシー、読解力、科学的リテラシー、問題解決を調査するもので、国際比較により教育方法を改善し標準化する観点から、生徒の成績を研究することにある。」とされてい

る。調査プログラムの開発は 1997 年に始まり、第 1 回調査は 2000 年に、第 2 回調査は 2003 年に、第 3 回調査は 2006 年に、第 4 回調査は 2009 年に行われている[7〜10]。

　調査は、毎回メインテーマが存在し、読解力、数学的リテラシー、科学的リテラシーの順番でメインテーマが移っている。そのため、2000 年は読解力、2003 年は数学的リテラシー、2006 年は科学的リテラシー、2009 年は読解力をメインテーマとして扱っており、2012 年は数学的リテラシー、2015 年は科学的リテラシーをメインテーマで扱う予定となっている。

　調査方法は、調査開始時において、15 歳 3 か月から 16 歳 2 か月の学校教育に参加している生徒を対象にテストが成されている。テストは、知識や技能等を実生活の様々な場面で直面する課題にどの程度活用できるのかについて、「数学的リテラシー」、「読解力」、「科学的リテラシー」、「問題解決能力」の 4 分野に渡り、主に記述式で解答を求める問題により調査が行われている。また、テストの一部は複数選択肢式の問で、一部は全記述式になっている。結果は、全参加国の平均点が 500 点となるように計算した点数で示されている。

　ところで、この調査で言う「読解力」とは、自らの目標を達成し、自らの知識と可能性を発達させ、効果的に社会に参加するために、書かれたテキストを理解し、利用し、熟考し、これに取り組む能力を指している。「科学的リテラシー」とは、自然界及び人間の活動によって起こる自然界の変化について理解し、意志決定するために、科学的知識を活用し、課題を明確にし、証拠に基づく結論を導き出す能力を指している。また、「問題解決能力」とは、問題の状況が、①現実のものであり、②解決の道筋がすぐには明らかではなく、③一つのリテラシー領域内に限定されない場合に、問題に対処し解決する能力を指している。

　2000 年の第 1 回調査では、32 か国・地域が参加している。その結果、日本は「数学的リテラシー」は 1 位（557 点）、「読解力」は 8 位（522 点）、「科学的リテラシー」は 2 位（550 点）であった[7]。

　次に 2003 年、2006 年及び 2009 年の調査結果について紹介する。2003 年の調査では 41 か国・地域の生徒が参加し[8]、2006 年の調査では 57 か国・

地域が参加し[9]、2009年の調査では65か国・地域が参加している[10]。2003年、2006年及び2009年の調査に基づき、参加国の上位10位までを並べたものが表1.3、表1.4、表1.5である。なお、2003年と2006年の調査における「読解力」には、日本の状況も加えている。

2009年調査で、「科学的リテラシー」、「読解力」、そして「数学的リテラシー」が僅かにでも回復したのは、日本の「ゆとり教育」への社会的批判が大きくなり、学力の向上に小学校、中学校の先生方が頑張ってこられた成果と受け

表1.3 OECDによる学習到達度調査（PISA）の結果（2003年調査）

数学的リテラシー			読解力		
順位	国／地域名	得点	順位	国／地域名	得点
1	香　港	550	1	フィンランド	543
2	フィンランド	544	2	韓　国	534
3	韓　国	542	3	カナダ	528
4	オランダ	538	4	オーストラリア	525
5	リヒテンシュタイン	536	4	リヒテンシュタイン	525
6	日　本	534	6	ニュージーランド	522
7	カナダ	532	7	アイルランド	515
8	ベルギー	529	8	スウェーデン	514
9	マカオ	527	9	オランダ	513
9	スイス	527	10	香　港	510
			14	日　本	498
科学的リテラシー			問題解決能力		
順位	国／地域名	得点	順位	国／地域名	得点
1	フィンランド	548	1	韓　国	550
1	日　本	548	2	フィンランド	548
3	香　港	539	2	香　港	548
4	韓　国	538	4	日　本	547
5	リヒテンシュタイン	525	5	ニュージーランド	533
5	オーストラリア	525	6	マカオ	532
5	マカオ	525	7	オーストラリア	530
8	オランダ	524	8	リヒテンシュタイン	529
9	チェコ	523	8	カナダ	529
10	ニュージーランド	521	10	ベルギー	525

取ることができる。

　ところで、知識や技能等を実生活の様々な場面で直面する課題に活用していく力は、日本はまだ高いとみることができる。ただし、この調査の中心分野であった科学的リテラシーについては、「科学的証拠を用いること」は好成績であるのに対し、与えられた課題が科学的に調査可能な問題かを判断す

表1.4　OECDによる学習到達度調査（PISA）の結果（2006年調査）

数学的リテラシー			読解力			科学的リテラシー		
順位	国／地域名	得点	順位	国／地域名	得点	順位	国／地域名	得点
1	台湾	549	1	韓国	556	1	フィンランド	563
2	フィンランド	548	2	フィンランド	547	2	香港	542
3	香港	547	3	香港	536	3	カナダ	534
3	韓国	547	4	カナダ	527	4	台湾	532
5	オランダ	531	5	ニュージーランド	521	5	エストニア	531
6	スイス	530	6	アイルランド	517	5	日本	531
7	カナダ	527	7	オーストラリア	513	7	ニュージーランド	530
8	マカオ	525	8	リヒテンシュタイン	510	8	オーストラリア	527
8	リヒテンシュタイン	525	9	ポーランド	508	9	オランダ	525
10	日本	523	10	スウェーデン	507	10	リヒテンシュタイン	522
			15	日本	498			

表1.5　OECDによる学習到達度調査（PISA）の結果（2009年調査）

数学的リテラシー			読解力			科学的リテラシー		
順位	国／地域名	得点	順位	国／地域名	得点	順位	国／地域名	得点
1	上海	600	1	上海	556	1	上海	575
2	シンガポール	562	2	韓国	539	2	フィンランド	554
3	香港	555	3	フィンランド	536	3	香港	549
4	韓国	546	4	香港	533	4	シンガポール	542
5	台湾	543	5	シンガポール	526	5	日本	539
6	フィンランド	541	6	カナダ	524	6	韓国	538
7	リヒテンシュタイン	536	7	ニュージーランド	521	7	ニュージーランド	532
8	スイス	534	8	日本	520	8	カナダ	529
9	日本	529	9	オーストラリア	515	9	エストニア	528
10	カナダ	527	10	オランダ	508	10	オーストラリア	527

るといった「科学的な疑問を認識すること」や、温室効果に影響を及ぼす可能性のある二酸化炭素以外の要因について述べるなどの「現象を科学的に説明すること」には課題があることも明らかになっている。

1.1.3 TIMSSとPISAの調査結果から

国際教育到達度評価学会（IEA）が行っている国際数学・理科教育調査（TIMSS）と、経済協力開発機構（OECD）が行っている国際学習到達度調査（PISA）とでは、上位国の顔ぶれが大きく異なっている。

例えば、2007年の中学校2年生を対象としたTIMSS調査の理科の上位国は、シンガポール、台湾、日本、韓国、イングランド、ハンガリー、チェコ、スロベニアなどである[6]。一方、2006年の15歳を対象としたPISA調査の科学的リテラシーの上位国は、フィンランド、香港、カナダ、台湾、日本、エストニア、ニュージーランド、オーストラリアなどである[9]。PISAの上位国のうち、フィンランド、カナダ、ニュージーランド、オーストラリアは、TIMSS調査では、中位以下の成績だったのである。ちなみに、理科や科学的リテラシーにおいて、TIMSS、PISAの両方で上位に来ている国は、香港、台湾、日本程度である。つまり、知識・技能、問題解決能力（知識や技能が実生活の様々な場面で直面する課題に活用できる力）は、日本の子どもはまだ高いと言えるのである。

しかし、PISA調査において、日本の子どもたちには、思考力・判断力・表現力等を問う読解力や記述式の問題に課題が認められる。つまり、国際的な比較において、読解力や記述式の問題の無答率が高いのである。このことは、日本の子どもたちの学力に対する大きな課題ととらえなければならず、学力の重要な要素である学習意欲やねばり強く課題に取り組む態度自体にも、大きな課題があるととらえておく必要があると考える。

1.1.4 理科の勉強は楽しい？

理科における日本の子どもたちが抱えるさらなる課題について、ここでは考えていくことにする。

(1) 国立教育研究所の調査結果から

国立教育研究所（現．国立教育政策研究所）が、1989年から1996年にかけて、同学年の子どもを対象に、「理科は面白い」と思う児童・生徒の割合を毎年追跡した調査を行っている[11]。その結果、「理科は面白い」と思う児童・生徒の割合は、学年が上がるごとに減少し、高校生になると50％強にまで減少していることが分かったのである（図1.1）。

(2) TIMSSとPISAの調査結果から

国際教育到達度評価学会（IEA）が行った国際数学・理科教育調査（TIMSS）の際に同時に行われた調査で、「理科の勉強は楽しい」と思う割合の変化は、小学校4年生が1995年の調査では38％だったのに対して、2003年の調査では45％といくらか改善され、国際平均の55％に少し近づいたのである。

しかし、「そう思わない」「まったくそう思わない」と思う割合の変化は、逆に1995年の調査では12％だったのに対して、2003年の調査では19％と増える結果となり、意欲面における二極化傾向も浮き彫りとなったのである[1]、[3]、[5]。

また、中学校2年生では、1999年の調査では8％だったのに対して、

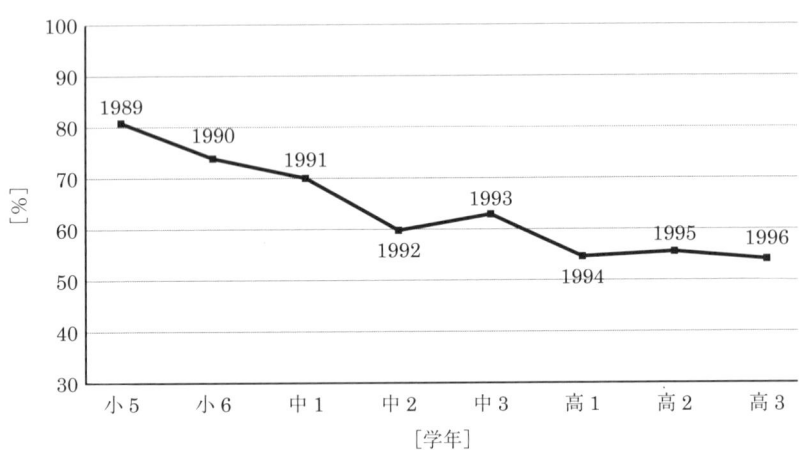

注1）「そうだと思う」、「どちらかと言えばそうだと思う」の回答を選択した比率
注2）1989等は追跡調査実施年度
出典：旧文部省国立教育研究所資料より

図1.1　小・中・高校生の科学技術に対する関心「理科は面白いと思う」

2003年の調査では19%と、いくらか改善されたことが分かる。しかし、国際平均の44%には到底及ばなかったのである。さらに、中学校2年生に対する1999年の調査では、「理科の勉強は楽しい」と回答した生徒は21か国中、20位と低く、「理科は生活の中で大切である」、「将来、理科を使う仕事に就きたい」という生徒の割合については最下位という結果が出ているのである[1),2),4),5)]（表1.6）。

さらに、2006年に実施された経済協力開発機構（OECD）が行った国際学習到達度調査（PISA）では、「科学を必要とする職業に就きたい」と回答

表1.6 第3回IEAによる理科に対する態度の国際比較（1999年調査）

国／地域名	好きな生徒の割合 [%]	理科の勉強は楽しい [%]	理科は生活の中で大切 [%]	将来、理科を使う仕事がしたい [%]
イラン	93	93	89	80
シンガポール	92	90	93	61
タイ	90	87	96	79
クウェート	89	87	92	72
コロンビア	87	94	97	79
イギリス	78	82	81	47
スコットランド	78	81	80	49
スペイン	73	69	87	56
ベルギー	71	77	80	42
アメリカ	71	73	80	50
キプロス	70	77	81	41
香港	69	68	77	35
カナダ	68	71	80	46
ニュージーランド	68	71	75	39
アイルランド	67	69	71	40
ノルウェー	67	75	78	36
スイス	67	59	67	29
オーストラリア	60	62	71	39
イスラエル	59	67	64	38
韓国	59	40	74	26
日本	56	53	48	20
国際平均値	73	73	79	47

（中学2年生）

した我が国の生徒の割合が23%（OECD参加国の平均は37%）、「大人になったら科学の研究や事業に関する仕事がしたい」は17%（同27%）となっており、それぞれOECD参加国の平均よりも低くなっているのである。また、30歳時に科学に関連した職に就いていることを期待している生徒の割合はOECD参加国平均が25.2%であるのに対して、我が国は7.8%であったのである[9]。

このように、TIMSSやPISAの調査結果をみると、以前から指摘されていた理科における意欲面の課題が残る結果になったと言える。

つまり、日本の子どもたちは、理科の成績は良くても学年が上がるにつれ理科を面白いと思わなくなり、生活や将来の職業とも結び付きにくくなっているのである。

1.2　学習指導要領（平成20年3月告示）にみる理科の特徴

平成20年3月に学習指導要領の告示が行われた[12]、[13]。その後の移行期間を経て、小学校は平成23年度から、中学校は平成24年度から新しい教育課程が実施される。

さて、理科については、国際教育到達度評価学会（IEA）における国際数学・理科教育調査（TIMSS）結果や、経済協力開発機構（OECD）における国際学習到達度調査（PISA）結果などから分かってきた日本の子どもの課題を踏まえ、改善が成されている。

今回の学習指導要領の理科では、授業時間が、小学校で約16%増え、中学校で約30%増えている。また、内容の充実も図られている。ここでは、学校教育法の改正と学習指導要領の改訂とのかかわり、理科の課題と新しく学習指導要領が作成されるに当たっての改善の基本方針、小学校における改善の具体的事項に触れながら、小学校における新しい理科の目標と内容について述べることにする。

1.2.1 学校教育法の改正と学習指導要領の改訂とのかかわり

　学習指導要領が改訂され、平成20年3月に告示された。実は、この改訂に先がけ、平成18年には「教育基本法」が大きく改正され、平成19年には「学校教育法」が改正されたのである。特に、ここでしっかりと押さえておかなければならないことは、学校教育法第30条第2項に、(1)「基礎的な知識及び技能」、(2)「思考力、判断力、表現力」など、(3)「主体的に学習に取り組む態度」の重要性が明記されたことである。また、第49条、第62条等の中学校や高等学校などにおいても、第30条第2項が準用されている[14]。

> 学校教育法　第4章　小学校
> 第30条　小学校における教育は、前条に規定する目的を実現するために必要な程度において第21条各号に掲げる目標を達成するよう行われるものとする。
> 2　前項の場合においては、生涯にわたり学習する基盤が培われるよう、基礎的な知識及び技能を習得させるとともに、これらを活用して課題を解決するために必要な思考力、判断力、表現力その他の能力をはぐくみ、主体的に学習に取り組む態度を養うことに、特に意を用いなければならない。　　　　　　　（アンダーラインは著者による）

　学校教育法第30条第2項が法の改正により追加されたことは、極めて重要な意味をもっている。これまでは、このような内容については学習指導要領の総則に記されていた。しかし、平成20年3月の学習指導要領の改訂は、教育基本法や学校教育法の改正に基づいて成されているのである。つまり、法律に「格上げ」されたことにより、小・中・高等学校において、先の(1)～(3)を育成する重要性が一層高まったと言えるのである。

1.2.2　理科の課題と改善の基本方針

(1) 理科の課題

　平成20年1月17日に出された中央教育審議会答申「幼稚園、小学校、

中学校、高等学校及び特別支援学校の学習指導要領等の改善について」[15]（以下「答申」と呼びます）を基に、日置（2008）[16]は日本の理科の課題を次のようにまとめている。

(2) 改善の基本方針

> ・理科の学習に対する意欲は他の教科と比較して高いが、それが大切だという意識は高くなく、両者に乖離がみられる。また、国際的にみると、我が国の子どもの理科の学習に対する意欲は低い状況がみられる。
> ・国民の科学に対する関心が低いことが指摘されている。
> ・理科の学習の基盤となる自然体験、生活体験が乏しくなってきている状況がみられる。
> ・内容の基礎的な知識・理解が十分ではない状況がある。
> ・科学的思考力・表現力が十分ではない状況がある。
> ・「科学的証拠を用いること」に比べ、「科学的な疑問を認識すること」や「現象を科学的に説明すること」に課題がみられる。

　上記のような課題を踏まえて、「答申」では、次のように理科における改善の基本方針が示されている[15]。なお、アンダーラインは著者により引いてある。

(ア) 理科については、その課題を踏まえ、小・中・高等学校を通じ、発達の段階に応じて、<u>子どもたちが知的好奇心や探究心をもって、自然に親しみ、目的意識をもった観察・実験を行うことにより、科学的に調べる能力や態度を育てるとともに、科学的な認識の定着を図り、科学的な見方や考え方を養うことができるよう</u>改善を図る。

(イ) 理科の学習において基礎的・基本的な知識・技能は、実生活における活用や論理的な思考力の基盤として重要な意味をもっている。また、科学技術の進展などの中で、理数教育の国際的な通用性が一層問われている。このため、<u>科学的な概念の理解など基礎的・基本的な知識・技能の確実な定着を図る</u>観点から、「エネルギー」、「粒子」、「生命」、「地球」などの科学の基本的な見方や概念を柱として、子どもたちの発達の段階を踏まえ、小・中・高等学校を通じた理科の内容の構造化を図る方向で改善する。

（ウ）科学的な思考力・表現力の育成を図る観点から、学年や発達の段階、指導内容に応じて、例えば、観察・実験の結果を整理し考察する学習活動、科学的な概念を使用して考えたり説明したりする学習活動、探究的な学習活動を充実する方向で改善する。
（エ）科学的な知識や概念の定着を図り、科学的な見方や考え方を育成するため、観察・実験や自然体験、科学的な体験を一層充実する方向で改善する。
（オ）理科を学ぶことの意義や有用性を実感する機会をもたせ、科学への関心を高める観点から、実社会・実生活との関連を重視する内容を充実する方向で改善を図る。また、持続可能な社会の構築が求められている状況に鑑み、理科についても、環境教育の充実を図る方向で改善する。

　理科の改善については、（ア）で述べられているように、「子どもたちが知的好奇心や探究心をもって、自然に親しみ、目的意識をもった観察・実験を行うことにより、科学的に調べる能力や態度を育てるとともに、科学的な認識の定着を図り、科学的な見方や考え方を養うこと」が、まず根本にあるととらえることができる。その上で、（イ）「基礎的・基本的な知識・技能の確実な定着」、（ウ）「科学的な思考力・表現力の育成」、（エ）「観察・実験や自然体験、科学的な体験の一層の充実」、（オ）「理科を学ぶことの意義や有用性を実感する機会をもたせ、科学への関心を高める」という大きな観点で改善が行われているととらえることができるのである。

1.2.3　理科教育の充実に向けた改善の具体的事項

　上記 1.2.1（2）のような改善の方向性を受けて、「答申」では、次のように小学校の理科における改善の具体的事項が示されている[15]。

　生活科の学習を踏まえ、身近な自然について児童が自ら問題を見いだし、見通しをもった観察・実験などを通して問題解決の能力を育てるとともに、学習内容を実生活と関連付けて実感を伴った理解を図り、自然環境や生命を尊重する態度、科学的に探究する態度をはぐくみ、科学的な見方や考え方を養うことを重視して、次のような改善を図る。
（ア）領域構成については、児童の学び方の特性や 2 つの分野で構成されて

いる中学校との接続などを考慮して、現行の「生物とその環境」、「物質とエネルギー」、「地球と宇宙」を改め、「物質・エネルギー」、「生命・地球」とする。

（イ）「物質・エネルギー」については、児童が物質の性質や働き、状態の変化について観察・実験を通して探究したり、物質の性質などを活用してものづくりをしたりすることについての指導に重点を置いて内容を構成する。また、「エネルギー」や「粒子」といった科学の基本的な見方や概念を柱として内容が系統性をもつように留意する。

　その際、例えば、風やゴムの働き、物と重さ、電気の利用などを指導する。また、現行で課題選択となっている振り子と衝突については、振り子は引き続き小学校で指導し、衝突は中学校に移行する。

（ウ）「生命・地球」については、児童が生物の生活や成長、体のつくり及び地表、大気圏、天体に関する諸現象について観察やモデルなどを通して探究したり、自然災害などの視点と関連付けて探究したりすることについての指導に重点を置いて内容を構成する。また、「生命」や「地球」といった科学の基本的な見方や概念を柱として内容が系統性をもつように留意する。

　その際、例えば、自然の観察、人の体のつくりと運動、太陽と月などを指導する。また、現行で課題選択となっている、卵の中の成長と母体内の成長、地震と火山はいずれも指導する。

（エ）児童の科学的な見方や考え方が一層深まるように、観察・実験の結果を整理し考察し表現する学習活動を重視する。また、各学年で重点を置いて育成すべき問題解決の能力については、現行の考え方を踏襲しつつ、中学校との接続も踏まえ見直す。

（オ）生活科との関連を考慮し、ものづくりなどの科学的な体験や身近な自然を対象とした自然体験の充実を図るようにする。

（カ）環境教育の一層の推進の観点から、地域の特性を生かし、その保全を考えた学習や、環境への負荷に留意した学習の充実を図る。

1.2.4　新しい理科の目標と内容

(1) 小学校理科の目標

　上記 1.2.2 の改善の具体的事項を踏まえて、平成 20 年 3 月に告示された小学校学習指導要領では、理科の目標が、次のように示されている[12]。

> 　自然に親しみ、見通しをもって観察、実験などを行い、問題解決の能力と自然を愛する心情を育てるとともに、自然の事物・現象についての<u>実感を伴った</u>理解を図り、科学的な見方や考え方を養う。
> 　　　　　　　　　　　　　　　　　（アンダーラインは著者による）

　この目標は、平成 10 年 12 月告示の小学校学習指導要領理科の目標と比較すると、ほとんど変わっていない。ただ一箇所だけ変わっている。つまり、「理解」のところに「実感を伴った」が加筆され、「実感を伴った理解」と表現が充実された点である。これまでの「理解」に「実感」を伴わせることにより、実生活との結び付きや実験や観察を通じてのより深い理解、より心底からの感情に支えられた理解という意味で、「自然の事物・現象についての理解」の充実を図ったととらえることができる。

　ここでいう実感を伴った理解について、角屋 (2008)[17] は、「(1) 体験に基づく理解、(2) 習得という意味での理解、(3) 納得という意味での理解、の 3 種類に大別できる。(1) は、観察、実験などを通じて、事象を感覚や知覚などの体験に基づいて理解するという意味である。(2) は、子どもが観察・実験などの過程を経て、知識を習得するという意味である。(3) は、観察や実験などで得た事象の性質や規則性を、ほかの学習場面や日常生活などに適用し、性質や規則性が役に立つことを実感するような理解である。」と述べている。

　次に、理科の目標全体について、小学校学習指導要領解説理科編[18] を基に、整理して考えておくことにする。

(ア) 児童が身近な自然を対象として、自らの諸感覚を働かせ体験を通した自然とのかかわりの中で、自然に接する関心や意欲を高め、そこから主体的に問題を見出す学習活動を重視する。

(イ) 児童が見通しをもって観察、実験などを行い、自然の事物・現象と科学的にかかわる中で、問題解決の能力や態度を育成する学習活動を重視する。
(ウ) 児童が観察、実験などの結果を整理し、考察、表現する活動を行い、学んだことを生活とのかかわりの中で見直し、自然の事物・現象についての実感を伴った理解を図る学習活動を重視する。

　つまり、理科の学習指導においては、これらの重視することを踏まえて、自然の事物・現象とのかかわり、科学的なかかわり、生活とのかかわりを重視することにより、問題解決の能力や自然を愛する心情を育て、実感を伴った理解を図り、科学的な見方や考え方をもつことができるように、児童をはぐくんでいくということなのである。

(2) 小学校理科の内容

　小学校理科の目標を受けて、小学校の各学年の目標が示されている。各学年の目標は、「A物質・エネルギー」と「B生命・地球」の2区分に学習内容が区分されたことにより、2項ずつで示されている。詳しくは、学習指導

(ア) 第3学年 「A (1) 物と重さ」
　　ア　形と重さ　　　　イ　体積と重さ
(イ) 第3学年 「A (2) 風やゴムの働き」
　　ア　風の働き　　　　イ　ゴムの働き
(ウ) 第3学年 「B (2) 身近な自然の観察」
　　ア　身の回りの生物の様子
　　イ　身の回りの生物と環境とのかかわり
(エ) 第4学年 「B (1) 人の体のつくりと運動」
　　ア　骨と筋肉　　　　イ　骨と筋肉の働き（関節の働きを含む）
(オ) 第6学年 「A (4) 電気の利用」
　　ア　発電・蓄電　　　イ　電気の変換
　　ウ　電気による発熱　エ　電気の利用
(カ) 第6学年 「B (5) 月と太陽」
　　ア　月の形と太陽の位置　　イ　月の表面の様子

要領を参照してもらいたい。

ところで、理科の学習内容については、平成20年告示の学習指導要領において充実が図られている。特に、小学校においては、単元レベルで前掲のような6つの内容が新たに設定されている。

これらの新たな学習内容を指導する際にも、指導者は単に新規性にのみ捕らわれることなく、理科の目標や学年の目標としっかりと関連付けながら、児童の実態にあった指導方法や観察、実験を工夫していくことが重要である。

1.3　理科授業における「思考力、判断力、表現力」の育成

経済協力開発機構（OECD）における国際学習到達度調査（PISA）など、各種の調査結果から、日本の子どもには、「思考力・判断力・表現力等を問う読解力や記述式問題、知識・技能を活用する問題に課題」があることが分かってきた。

ここでいう「思考力・判断力・表現力」とは、どのような力を言うのだろうか。このことについて、片平（2009）[19]は次のように述べている。

【思考力】理科で目指されている思考力は科学的な思考力であるが、これも端的にまとめることは難しい。ここでは科学の特徴である実験や観察の結果を分析的、総合的に考察できる力や、既知の原理や法則をもとに新たな現象や事象を論理的に説明できる力ととらえておく。

【判断力】判断力は、物事を認識し、評価し、決断する力であり、一般的には、「問題解決に際しての、いくつかの選択肢を用意して、その中から最適な選択肢を選んで、自分の意志決定を行う力」と言われている。思考力はかなり広範な概念であるのに対して、判断力は限定された範囲で使用する概念である。

【表現力】表現力も広範な概念であり、審議のまとめからは、自分や他

者の感情や思いを表現したり、受け止めたりする力ととらえることができる。理科授業に引きつけて考えれば、日々の授業の中で「実験観察の記録を書く」「自分の意見を述べる」「友人の意見を聞く」「事象を説明する」「聞き手に分かるように結果を報告する」「話し合いをする」などが中心的な表現活動として位置づけられるだろう。

では、理科授業において、どのようにしていけば子どもたちの「思考力・判断力・表現力」を身に付けていくことができるのだろうか。このことに対して、平成20年1月17日に出された中央教育審議会「答申」[15)]では、上記の課題を踏まえ、「思考力・判断力・表現力等の育成」を基本的な考え方の一つとして学習指導要領の改善の方向性が示されている。「答申」における「5. 学習指導要領改訂の基本的な考え方 (4) 思考力・判断力・表現力等の育成」の中で、理科の学習指導と関係する記述を見てみることにする。

○ 現在の各教科の内容、PISA調査の読解力や数学的リテラシー、科学的リテラシーの評価の枠組みなどを参考にしつつ、言語に関する専門家などの知見も得て検討した結果、知識・技能の活用など思考力・判断力・表現力等をはぐくむためには、例えば、以下のような学習活動が重要であると考えた。このような活動を各教科において行うことが、思考力・判断力・表現力等の育成にとって不可欠である。

① （略）
② 事実を正確に理解し伝達する
（例）・身近な動植物の観察や地域の公共施設等の見学の結果を記述・報告する。
③ 概念・法則・意図などを解釈し、説明したり活用したりする
（例）・需要、供給などの概念で価格の変動をとらえて生産活動や消費活動に生かす。
　　　・衣食住や健康・安全に関する知識を活用して自分の生活を管理する。
④ 情報を分析・評価し、論述する
（例）・学習や生活上の課題について、事柄を比較する、分類する、関連

付けるなど考えるための技法を活用し、課題を整理する。
・自然事象や社会的事象に関する様々な情報や意見をグラフや図表などから読み取ったり、これらを用いて分かりやすく表現したりする。

⑤ 課題について、構想を立て実践し、評価・改善する
（例）・理科の調査研究において、仮説を立てて、観察・実験を行い、その結果を整理し、考察し、まとめ、表現したり改善したりする。
・芸術表現やものづくり等において、構想を練り、創作活動を行い、その結果を評価し、工夫・改善する。

⑥ 互いの考えを伝え合い、自らの考えや集団の考えを発展させる
（例）・予想や仮説の検証方法を考察する場面で、予想や仮説と検証方法を討論しながら考えを深め合う。

　上記の②～⑥のような学習活動というのは、実は、これまでにも理科教育の中で多くの先生方が実践されてきている問題解決活動であるととらえることができる。つまり、「答申」で言っている「思考力・判断力・表現力」を育成していくためには、問題解決活動を取り入れた学習活動を実施していくことこそが理科授業において重要であると言えるのである。

　ところで、問題解決活動はどのように行っていけばよいのだろうか。理科における問題解決活動を進めていく過程について、角屋（2008）[20]は、「子どもが、まず、①問題を見いだし、②その問題となる事象を説明するための仮説を発想し、③発想した仮説の真偽を確かめるための実験方法を立案し、④実験結果を得て、実験結果について考察し、⑤新たな問題を見いだす、という5つの場面から構成することが多い。」と述べている。

　こうした問題解決活動を進めていく過程を重視した理科授業の実践を第2部において紹介をする。それらも参考にしてもらい、子どもたちの「思考力・判断力・表現力」を育成していく理科授業の構築と実践をしてもらえればと思う。

【引用文献】

1) 国立教育研究所編『小・中学生の算数・数学，理科の成績』，東洋館出版社，1996．
2) 国立教育研究所編『中学校の数学教育・理科教育の国際比較』，東洋館出版社，1997．
3) 国立教育研究所編『小学校の算数教育・理科教育の国際比較』，東洋館出版社，1998．
4) 国立教育政策研究所編『数学教育・理科教育の国際比較』，ぎょうせい，2001．
5) 国立教育政策研究所編『「算数・数学教育の国際比較」および「理科教育の国際比較」』，ぎょうせい，2005．
6) 国立教育政策研究所；「TIMSS2003・2007 国際比較結果の概要」（http://www.nier.go.jp/timss/2007/index.html）．
7) 文部科学省；「PISA（OECD 生徒の学習到達度調査）2000 年調査」（http://www.mext.go.jp/b_menu/toukei/data/pisa/index.htm）．
8) 文部科学省；「PISA（OECD 生徒の学習到達度調査）2003 年調査」（http://www.mext.go.jp/b_menu/toukei/data/pisa/index.htm）．
9) 文部科学省；「PISA（OECD 生徒の学習到達度調査）2006 年調査」（http://www.mext.go.jp/b_menu/toukei/data/pisa/index.htm）．
10) 文部科学省；「PISA（OECD 生徒の学習到達度調査）2009 年調査」（http://www.mext.go.jp/b_menu/toukei/data/pisa/index.htm）．
11) 国立教育研究所『小・中・高校生の科学技術に対する関心調査資料』，1997．
12) 文部科学省『小学校学習指導要領』，2008a．
13) 文部科学省『中学校学習指導要領』，2008b．
14) 学校教育法第30条第2項，第49条，第62条等；総務省行政管理局「法令データ提供システム」（http://law.e-gov.go.jp/cgi-bin/idxsearch.cgi）
15) 中央教育審議会『幼稚園，小学校，中学校，高等学校及び特別支援学校の学習指導要領等の改善について（答申）』，2008．
16) 日置光久「新しい理科，改善の方向とその特徴」，理科の教育，670 号，pp. 4-7，2008．
17) 角屋重樹「『基礎的・基本的知識』を基に思考力・判断力・表現力を育成する問題解決過程の構築を」，ベネッセ教育情報誌，VIEW21，2008 年秋号，2008．
18) 文部科学省『小学校学習指導要領解説理科編』，2008c．
19) 片平克弘「科学的な言語能力育成の意義と課題」，理科の教育，685 号，pp. 5-8，2009．
20) 角屋重樹「思考力・表現力の育成」，理科の教育，670 号，pp. 8-11, 2008．

第2章 理科授業の構成

2.1 授業づくりに求められる現代的な教育の課題

　平成20年度の学習指導要領の改訂に影響を与えた調査として、OECD（経済開発協力機構）によるPISA、TIMSSの国際調査結果がある。PISA調査は、参加加盟国の多くで義務教育の終了段階にある15歳の子どもを対象に、読解力、数学的リテラシー、科学的リテラシー、問題解決能力を調査したものとして知られている。この調査結果が、第1章に示した通り読解力等に関わる日本の子どもの水準や学習意欲の低下などを明らかにし、学習指導要領の改訂に与えた影響は大きい。

　PISA調査は、調査プログラムの開発が1997年に始まり、第1回調査が2000年に実施され、以後3年毎に調査されている。第1回2000年調査、第2回2003年調査、第3回2006年調査、第4回2009年調査が実施されたが、調査ごとにテーマが存在し、読解力、数学的リテラシー、科学的リテラシーの順で調査テーマが移っている。第1回の2000年は読解力、2003年は数学的リテラシー、2006年は科学的リテラシーがメインテーマとして取りあげられた。昨今、2009年調査の結果が公表されたことで知られている。今後は、2012年に数学的リテラシーに関する調査、2015年に科学的リテラシーに関する調査が実施される予定である。

　この調査の結果、日本の子どもは事実的知識の再生や選択肢に対する判断などを得意とするが、知識の関係づけを通じた本質の理解（概念的理解）や考え・解法・理由などの説明を問われる問題など、いわば非定型的な問題の解決を得意としないことが明らかとなった。無回答率の高さからは学習意欲の低下がより一層顕著に現れ、答えはひとつに決まるものはできるが、それがなぜなのか、どのように考えるのかに答えることができないという日本の子どもの実態が浮き彫りにされている。

　このような指摘に対し、教壇に立つ教師には、思いあたることが多くある

のではないだろうか。私たち教師は、果たして、授業で子どもに説明させることを問い、求めたであろうか。もし、求めたとして、説明することが自分自身にとって価値のあることだと子ども自身が認識できるような授業を実践してきたであろうか。子どもの発言する一言一言の質を吟味し討論としてクラスに広げてきたであろうか。このような点から授業づくりを自戒を込めて考えなければならないときである。理科では、観察・実験することそのものに焦点はあてられるものの、言語で表現し対話することや、事実に戻り言葉で吟味することなど、理解を深めるための手段としての言語活動は授業の中でどれほど取り入れられてきたのか甚だ疑問である。これからは、結果から考察を指導する場面や、予想を立てさせる場面などで、協同で表現しあう言語活動の充実によって、学び合う力を育てて行かなければならない。当然のことながら、そのような学級風土の育成も必要となる。

　PISA調査は、製造業の先進諸国における就業人口の極端な減少による国家の危機感を背景にして実施されている。1970年代に高い水準であった製造業の就業率は2020年に数パーセントまで落ち込む見通しである。こうした先進各国の産業構造の変化を受け、2020年を目途にこれからも各種調査が実施され続ける。つまり、国内においてはPISA型読解力の育成はさらなる課題となり、2020年の学習指導要領の改訂においても国際比較を背景とした学習指導要領の位置づけが一層強まるに違いない。

2.2　言語活動の充実と思考力・判断力・表現力の育成

　これからの教育の重要なキーワードにインタラクション（相互作用）という考えがある。教室という学習の場は、理科の授業においても、各自が独自の活動を展開しながらも相互作用を通して影響を与えあいながら学習が進行する場である。この考えはいわば言語活動の充実とつながる考えである。インタラクションを通してPISA型読解力の育成を図るのである。言語活動を充実させることによって子どもの思考力・判断力・表現力を高める授業は、相互作用を機能させる方略によって生まれる。教師には、教室をインタラク

ションの機能を発揮させる場、つまり教室を学びの共同体として機能させる指導力が求められている。

　しかし、相互作用を生み出すことは、単に、他者と会話をさせればよいということではない。バーコビッツとギブス（1983）は、相互作用のある対話を「自分の考えをより明確にしたり、相手の考えや推論のしかたにはたらきかけ相手の思考を深めたりするような相互作用のある対話」としている[1]。つまり、自分の考えを明確にしたり、相手の考えを深めたりする省察的な対話をデザインすることを通し、はじめて、子どもは思考力や表現力を高めていくのである。

　ブラウン（1992）は、このような学びの共同体をつくる授業デザインとして、その基本構造を「Consequential Task（必然性のある課題）」「Research（研究活動）」「Share Information（情報の共有）」という3つの構造からとらえている[2]。これらの基本構造が整うことにより、子どもは、相互に強調し合いながらDeep Disciplinary Content（深い内容）を扱う必要性に至るとしている。そして、これらの活動はReflection（省察）の対象となる。特に、相互作用をもたらすためには、「必然性のある課題」と「情報の共有」を理科授業の指導過程でどのように実現するのかが重要である。

　そのために、本著では、問題解決の過程を中核に据えた理科授業を再検討したい。授業における「課題」を子どもにとって真に必然性のある「課題」とするための指導過程を再検討し、問題解決の各過程を関連づけ、情報を子どもに共有させる方略を検討する。こうして相互作用を生み出す条件を整える。

　問題解決の過程における導入は、まさに子どもたちから課題を引き出すために腐心する過程である。Let's try（やってみよう！）と、その授業で行う観察・実験を、いわば活動の目標のごとく教師が声高に叫ぶことではない。つまり、「必然性のある課題」であるために、学習者である子どもが自ら設定した課題であると思えるまでに仕向ける指導過程を組むことこそが重要となる。こうすることで、子どもの日常のフレームワークとこれから学ぼうとする科学的な世界のフレームワークを省察的な対話という過程を通し融合でき、クラスに必然性のある課題を浸透させることができる。この導入によっ

て、子どもは認知的葛藤を引き起こすであろう。

このような過程の成立には、当然のことながら教師からの問いが重要となる。教師は子ども対子どものやりとりを深める補助発問に生命を宿さなければならない。課題を引き出す過程は、課題追究の見通し、解決方法の検討、予想へと連続的に深化する。

2.3　認知的葛藤と言語活動の充実による授業

理科教育学研究では、科学的概念を形成するために認知的葛藤の重要性が指摘されている。バーリン（1965）は認知的葛藤を、信念、態度、思考、観念間においていくつかの両立しがたい反応傾向が同時に生じ、その葛藤のタイプとして子どもに「疑い」「当惑」「矛盾」「認知的不協和」「混乱」「不適切」などの状態が生じることをあげている[3]。そして、バーリンは、認知的葛藤に基づく知的好奇心の利用に帰し、子どもの抱く信念や期待と対峙するような方法で教材を提示することが望ましいと述べている。

認知的葛藤によって子どもの知的好奇心が喚起されることが知られている。新しい知識を獲得することによって、認知的葛藤は解消し、葛藤の低減に役立った知識も行動も内発的に強化される。つまり、子どもがすでに持っている学習に関わる概念と、意図的に与えた情報の間に何らかの「ずれ」を認知させ「矛盾」「認知的不調和」などの認知的葛藤を感じさせることが理科の授業づくりにとって重要なのである。

この考えに基づき参照できるのはハッシュウェー（1986）の概念転換モデルである。国内においては堀がその詳細を説明している[4]。ハッシュウェーは、ポスナーらの考えを踏襲しながら、認知的葛藤を踏まえた概念転換モデルを図1.2のように提唱している[5]。

ハッシュウェーは、子どもの概念の世界と現実の世界とを照合しながら子どもは概念を獲得していくとしている。また、認知的葛藤には2種類が存在するとし、第一の認知的葛藤（図中のConflict (1)）は、子どもの考え方（図中のC1）の適応範囲が限定されているので、ある事象（図中のR1）が

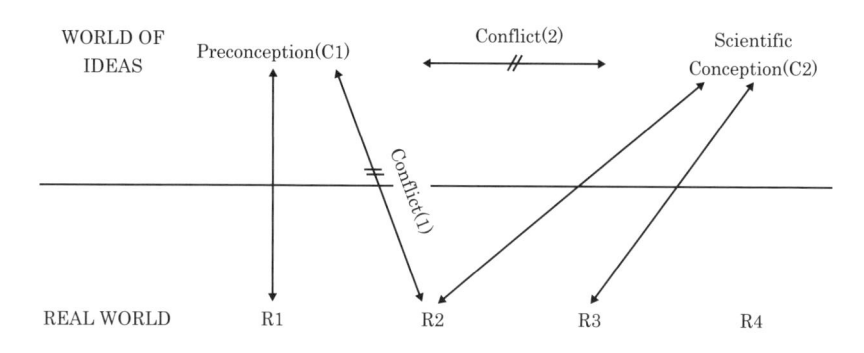

```
WORLD OF      Preconception(C1)      Conflict(2)       Scientific
 IDEAS                              ←――――//――――→     Conception(C2)
                    ↑      ↖                       ↗
                    |        ↖ Conflict(1)       ↗
                    |          ↖ //            ↗
                    |            ↘          ↗
                    |              ↘      ↗
REAL WORLD         R1              R2      R3              R4
```

図 1.2　Hashweh（1986）の概念転換モデル

理解できても、別の事象（図中の R2）が理解できないために生じる。一方、子どもの考え方（図中の C1）に代替する科学的概念（図中の C2）は、すべての事象を説明できるものの、わかりやすいものではないため適応することができず、科学概念との間に認知的葛藤（図中の Conflict（2））が生じる。ハッシュウェーは、この 2 つの認知的葛藤を解消することが重要であり、概念転換にとって必要であると指摘する。そこで、この 2 つの認知的葛藤を解消するための要因として次の 2 つを挙げている[6]。

（1）C1 と C2 のそれぞれが説明できる世界を明らかにする。
（2）C1 と C2 の間の関連性を見いだす。

　これらの認知的葛藤を解消させるためには、①暗黙的に使われているプリコンセプション（C1）に直面させ、明白に意識化させる。②プリコンセプション（C1）は子どもの限定された経験に基づくものであるが、科学的概念（C2）はより一般性を有していることに気づかせることである。
　ハッシュウェーのモデルは、科学的概念を獲得するためには、2 つの認知的葛藤が解消され、しかも認知的再構成が行われて可能になることを示したもので、このモデルは、その後の概念転換を促す授業づくりに大きな影響を与えた[7]。この指摘は、いわば言語活動の充実による授業づくりの視点を示唆していると考えられる。

2.3.1 授業の実際

　中学校学習指導要領解説理科編のもとでは、単元「植物の世界」で種子植物の分類を学習する。ここでは、裸子植物と被子植物の違いを、種の保存の観点から学習している。子どもに、裸子植物から被子植物のつながりを進化の概念を用いて捉えさせることは、生命の連続性を理解させる上で重要である。また、単元「大地の変化」では、地質時代とそこに現れた古生物を学ぶ。子どもは、その存在と絶滅について知る。この学習を通して古生物が進化して現在に至っていることを子どもは容易に理解できる。さらに、単元「動物の世界」では、セキツイ動物の分類を学ぶ。海から陸上へその生活を適応させていったセキツイ動物を進化の観点から読みとらせられれば、卵の殻の陸上への適応、体温、皮膚、子どもの育て方の発達など、まさに系統樹による生命の連続性を理解させる上で重要な概念形成となる。

　こうしたことを背景にして、平成20年度改訂の中学校学習指導要領理科編には、進化の学習が再び加えられている。では、このように様々な学習内容と関連の深い「進化」をどのように扱うことで認知的葛藤を引き起こすことができるであろうか。その授業の指導過程を例示する。

　第1次では、図1.3の通り相同器官という考えを学習内容として扱う。第

> 進化　セキツイ動物の前足の骨格を比較してみると，どれも基本的なつくりがよく似ていて，共通の器官から変化したことがわかる。現在の形やはたらきは違っても，もとは同じ器官であったと考えられるものを相同器官という。相同器官を比べると，もとは同じ器官であったもの

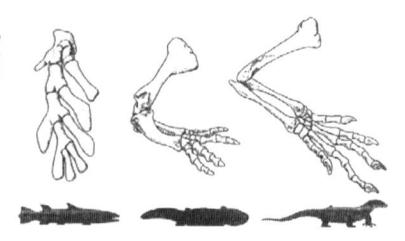

図1.3　第1次で用いたテキスト教材

第2章 理科授業の構成　29

表1.7　第2次の学習指導案

学習活動	生徒の活動	教師の支援・指導	評価等
課題	＊魚類の浮き袋と両生類の肺は相同器官か否か		
コミュニケーション活動	これまでの自分の考えにそって各自・各班が調べたことに対して立論と反論を行う。自由な意見交換を行う。	論が焦点化されるよう支援する。表現の工夫を心がけさせる。	各自の理由付けは、これまでの学習を踏まえたものか。
観察	魚の浮き袋を観察し各論が正しいのか否か検証を行う。自由な意見交換を行う。	目前にある魚の浮き袋の姿を普遍的なものとこだわりすぎないように留意させる。	科学的なものか非科学的なものか。
コミュニケーション活動	各自が自分の考えに基づく判断を行う。	各自が自分の考えを持つことができているか支援する。	多様な発言から新しい考えを生み出そうとしているのか。
新しい概念の形成	現代の研究の成果を聞き、新しい概念の確立を図る。	相同器官ではないと否定的な考えに立っていた生徒が、納得的な理解ができるよう配慮する。	科学的な概念形成がなされたのか。
系統図作成	進化の系統を考える（魚類と両生類に関する）。	2つの仲間を例に、系統図を作成する。	
探求課題	＊なぜ進化は起きるのだろうか		
コミュニケーション活動	浮き袋はなぜ肺に進化したのか各自で進化説を立てる。・陸上にあがることを繰り返していくうちに浮き袋で酸素交換ができるようになったため。	特にラマルクとダーウィンの進化説に近い生徒の考えを取りあげコミュニケーション活動を展開し、生徒の考えを深める支援を行う。	情報の収集活動の中で多くの生徒が説を立てられているか。
描画法等によって説を表現する	・酸素交換ができる浮き袋を持った魚が突然現れ、こうした形質が遺伝する子孫が陸上にあがれるようになったため。用・不用説と自然選択説。キリンの首の長さはどうして長くなったのだろうか？	浮き袋から肺の進化について考えさせた後に、科学史の中で論じられたキリンの首の長さの変化について話し合いを深める。	描画等による各自の情報の表現方法の多様性を認める。進化に対する興味・関心は高まっているか。
コミュニケーション活動		終末をオープンエンドな扱いとする。	既有の考えはより科学的なものになったか。

2次では魚類の浮き袋と科学者の進化に対する主張を教材として取りあげる。図1.3は、第1次で使用した進化についてのテキスト教材である。この中で、進化とは、親の形質が子に受け継がれること、さらに、相同器官につ

いて扱い学習を展開した[8)]。

第2次では、第1次の相同器官の考えを用いて「魚類の浮き袋と両生類の肺は相同器官か」と、子どもに問い、魚類の浮き袋を実際に観察させ、問いの解決に向けて話し合いを行うというものである。表1.7は、第2次の学

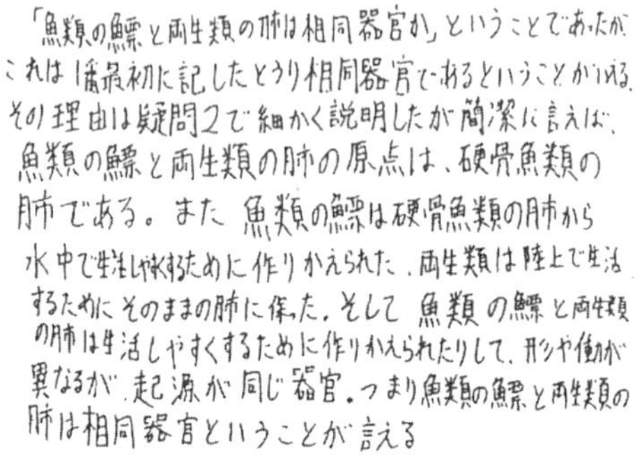
「魚類の鰾と両生類の肺は相同器官か」ということであったが
これは1番最初に記したとうり相同器官であるということがいえる。
その理由は疑問2で細かく説明したが簡潔に言えば、
魚類の鰾と両生類の肺の原点は、硬骨魚類の
肺である。また 魚類の鰾は硬骨魚類の肺から
水中で生活しやすくするために作りかえられた。両生類は陸上で生活
するためにそのままの肺に作った。そして 魚類の鰾と両生類
の肺は生活しやすくするために作りかえられたりして、形や働きが
異なるが、起源が同じ器官。つまり魚類の鰾と両生類の
肺は相同器官ということが言える

図 1.4　相同器官に関する中学生の考え

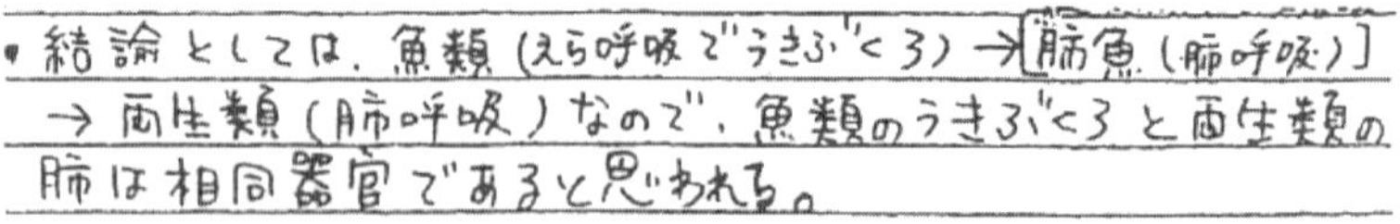
・結論としては、魚類（えら呼吸でうきぶくろ）→［肺魚（肺呼吸）］
→両生類（肺呼吸）なので、魚類のうきぶくろと両生類の
肺は相同器官であると思われる。

図 1.5　相同器官に関する中学生の考え

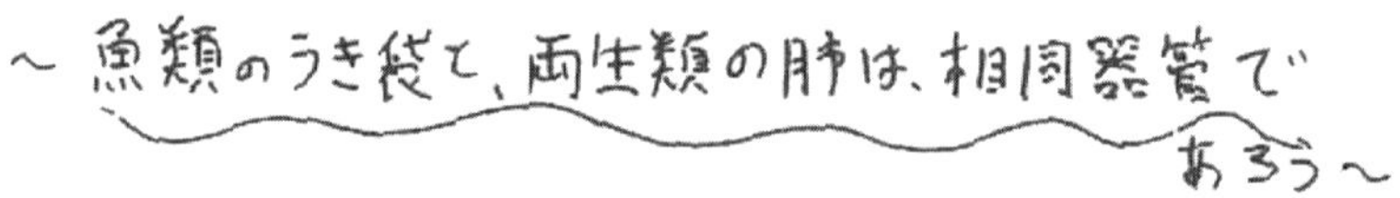
〜魚類のうき袋と、両生類の肺は、相同器管で
あろう〜

図 1.6　相同器官に関する中学生の考え

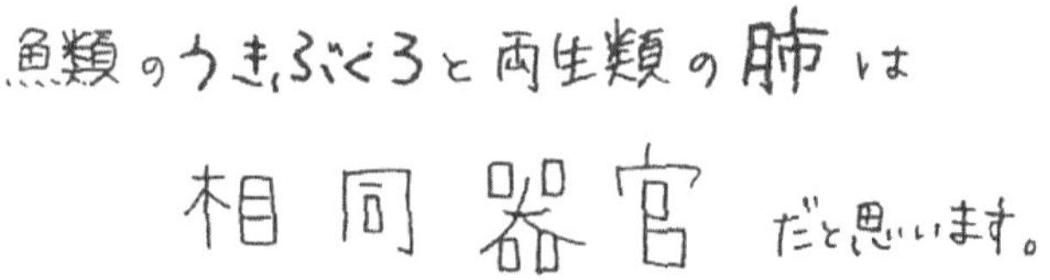
魚類のうきぶくろと両生類の肺は
相同器官 だと思います。

図 1.7　相同器官に関する中学生の考え

習指導案である。

　図 1.4、1.5、1.6、1.7 はこのとき子どもが相同器官かどうかを自分なりにまとめた代表的な考えである。両者が相同器官であると回答した子どもは 36 人中 29 人となった。

　次に、授業を「進化はなぜ起きるのか」という課題に発展させる。そこで、陸上にあがることを繰り返すうち、浮き袋で酸素の交換ができるようになった。あるいは、酸素交換ができる浮き袋を持った魚が突然現れて、こうした形質が遺伝する子孫こそが陸上にあがれるようになった。など、科学史で論じられ昭和 33 年の学習指導要領のもとで作成された教科書[9]に掲載されたラマルクの用不用説、ダーウィンの自然選択説、ドフリスの突然変異説を教材として示し討論させた。はじめにラマルクの説を支持する子どもは 19 人、ダーウィンの説を支持する子どもは 12 人、ドフリスの説を支持する子どもは 5 人であった。話し合いでは、それぞれの説の疑問点や問題点を出し合わせて省察させ、言語活動を充実させるようにした。

　ここで、認知的葛藤を解消するための要因としてハッシュウェー（1986）の図 1.2 のモデルの① C1 と C2 がそれぞれ説明できる世界を明らかにすること。② C1 と C2 の間の関連性を見いだすことについての克服がなされていく。子どもは、魚類の浮き袋が両生類の肺へ進化したことをとらえることができ、これは、生物の進化を具体的にとらえる上で有効な教材となっている。さらに、相同器官は、生物が進化する理由を具体的に考える教材として機能している。

2.3.2　脊椎と背骨から引き出される認知的葛藤

　単元「動物の生活と種類」では、動物を分類する上で「脊椎」の存在を動物分類の概念の基本に据えて授業が行われている[10]。しかし、子どもは、学習後も脊椎動物と無脊椎動物の分類の基本にある「背骨」を、体の真ん中を通る骨であるという程度にしか理解していない[11]。

　子どもに「セキツイ動物のセキツイって何ですか？」と質問すると「セキツイって背骨です。」と回答する子どもが 35 名中 28 名存在した。その後「背骨って何ですか。」と再質問する。この質問に 35 名中 31 名が「体の真ん中

を通る太い骨」と回答した。つまり、子どもは単元の学習を終えてもセキツイの意味を真に理解できない。このことは、子どもの描画からも伺うことができる。魚を解剖して、ある子どもが描いた背骨を図1.8に掲載した。描画からも分かるように背骨はその体の中心を通る太い骨という程度に脊椎の存在を描かず背骨を表現する子どもは35名中30名もいた。

　このように、子どもは授業を通し「脊椎」をとらえることができないため、脊椎動物の分類の概念が明確になっていない。動物を分類する観点そのものが授業後も背骨の存在であり、脊椎の意味をとらえることなく授業を終えてしまう。そこで、背骨を追究する過程を授業に組み込み、脊椎の存在に気づかせ、認知的葛藤を引き起こす授業を構想する必要がある[12]。

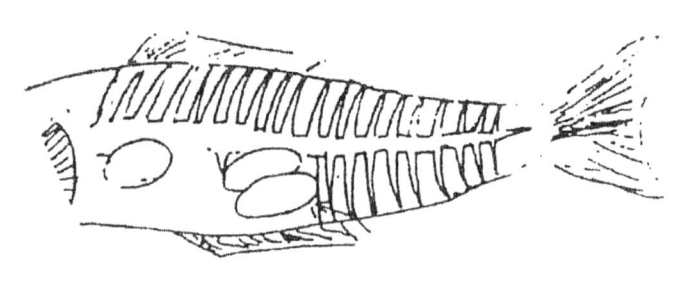

図1.8　子どもの描いた魚のスケッチ

　まず、脊椎動物と無脊椎動物の分類まで学習した単元の最後の授業として、子どもに『イカはセキツイ動物だろうか、無セキツイ動物だろうか』とイカの軟骨を教材にした課題[13]を投げかける。イカの中央にある軟骨を観察し、「イカは無セキツイ動物である」という自分の既有の考えと「体の真ん中を通る骨は背骨である」という考えとで、認知的葛藤を促し、概念転換を図る授業を図1.8の学習指導案に基づいて実施した。

　授業前半では、子どもにイカの体の中央にある骨の存在に気づかせる。そのイカの骨を取り出し、背骨についての議論を深めるための話し合いを行わせる。さらに、授業後半では、魚の背骨とイカの軟骨の両者を比較することで、背骨の意味をより深く話し合わせた。

　子どもは、この指導過程を経てゴツゴツした魚の背骨を実際に観察しなが

表1.8 脊椎をとらえるための学習指導案

学習活動	生徒の活動	教師の支援・指導	評価等
脊椎動物と無脊椎動物の特徴	脊椎動物と無脊椎動物の特徴に気づく。	生活経験等を交え考えさせる。生徒の既有の考えを引き出す。	無脊椎動物の特徴を理解しているか。【知識理解】
課題	＊イカには背骨があるか調べよう！		
イカの解剖観察	イカの体の中央を通る骨の存在に気づく。イカは脊椎動物か無脊椎動物か考える。目的意識をもってイカ（軟体動物）を解剖する。イカの体の中央を通る骨の存在に気づく。	課題に高まらなければ、教師による問題提起を行う。背骨があるとすれば体のどこを通るのか考えさせ、自由に解剖を行わせる。机間指導を行い、イカの体の中央部を通る骨を背骨と考えるか、背骨と考えないかその理由を取り上げる。考えの相対するグループ間の移動を自由に行わせ、自由な会話を保証し自己の考えがより練り上げられるようにする。意見が一方に偏ったとき教師は生徒と対立する意見の側に立ち、一発言者として支援する。	科学的概念はどれほど確立されているか（曖昧なものか）。【科学的思考】観察に目的意識をもっているか。【関心・意欲・態度】各自の理由づけはこれまでの学習を踏まえたものか、日常の生活経験を優先させたものか、非科学的か。【科学的思考】
コミュニケーション活動パネルディスカッション等	自由な意見交換を行う。多様な表現活動によるコミュニケーション背骨と考える理由・背骨と考えない理由を焦点にコミュニケーション活動を行う。		
課題	＊イカには背骨がある！　背骨がない！【魚の背骨を観察しよう】		
魚の背骨観察	目的意識をもって、魚の背骨を比較観察する。	実物を観察しようとする気持ちを高める。意見交流の中で科学的な概念が磨かれるよう学習形態を適宜工夫する。実物に触れさせることで、考えを整理できるようにする。授業を通し理解したことをまとめる。	自分の考えをもつことができたか。【科学的思考】教師の多様な揺さぶりから新しい考えを構成しようとしているか。【関心・意欲・態度】
コミュニケーション活動	多様な表現活動によるコミュニケーション。自己の考えの変容に気づく。		
自己評価	自己評価を行う		

ら「体の真ん中を通る骨は背骨である」という考えに修正を加えていった。図1.9は、言語活動の充実によって変容したある子どもの描画である。「体の真ん中を通る太い骨」と回答した31名の中で、体の真ん中を通る背骨に

は、ゴツゴツしたものがつながっている描画ができるようになった子どもが26名となった。26名の子どもに脊椎の存在に気づいているか尋ねると、25名がその存在を具体的に指摘することができた。つまり、認知的葛藤を引き起こす言語活動の充実によって脊椎の存在を子どもに気づかせることができたのである。

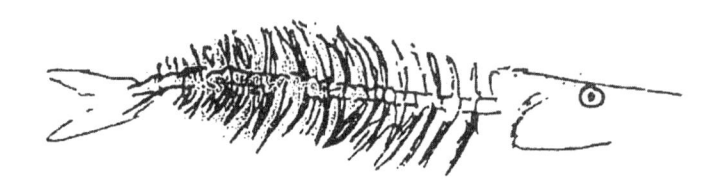

図1.9　言語活動の充実によって描かれた子どもの描画

この授業をハッシュウェーのモデルにあてはめると、図1.10のようになる[14]。

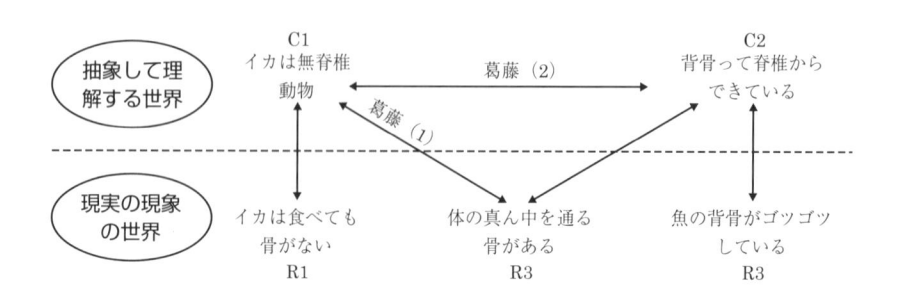

図1.10　イカの軟骨を教材とした概念転換モデル

イカの軟骨を教材として用い、魚の背骨と比較検討する言語活動を充実させることによって、背骨をつくる脊椎の存在に気づく子どもが多くなった。子どもが、科学を獲得できない原因のひとつは、精緻化の失敗に一因がある。この点を克服するためにも、上述のように、より能動的に自分の知識や言葉に変換する機会を授業の中に組み込むことが重要となる。

2.4 問題解決の過程

問題解決学習（Problem-Solving-Learning）は、デューイによって実験学校の社会科の授業で初めて試みられた学習に端を発する。この学習は、ひとつのテーマについて、自分たちで仮説を立てさせ、自分たちで調査等を通して解決しようとする学習方法であった。デューイは「思考の方法」(1910)の中で、問題解決の過程を5段階に分けている。それは、①問題に気づく②問題を明らかにする③仮説（解き方）を提案する④仮説の意味を推論する⑤仮説を検討する、という5つの過程である。（当時の米国では、短時間で多くの情報を子どもに伝達できる系統学習への反省からこのような考えが生

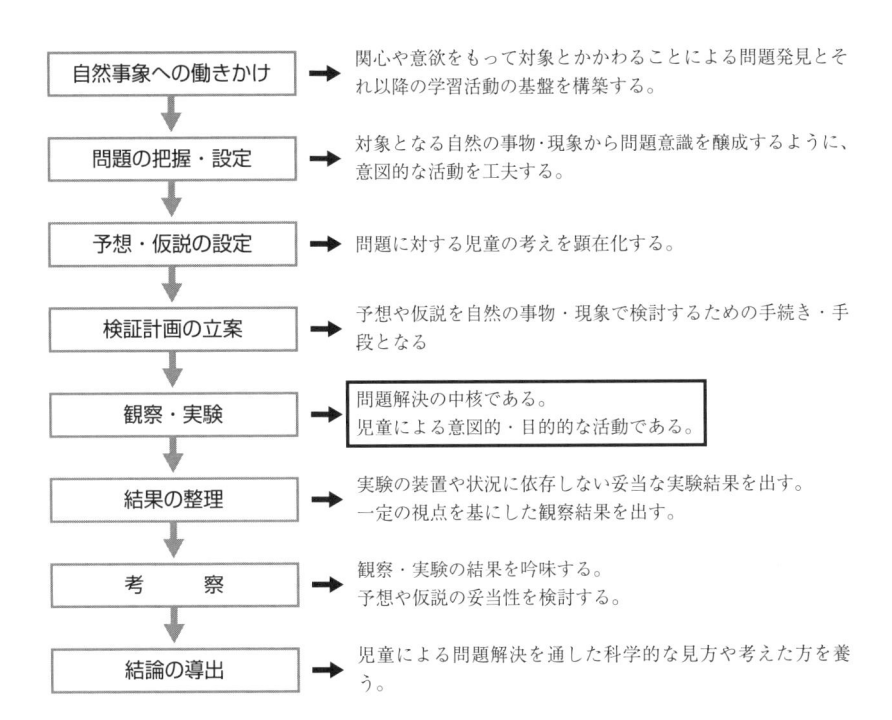

自然事象への働きかけ	関心や意欲をもって対象とかかわることによる問題発見とそれ以降の学習活動の基盤を構築する。
問題の把握・設定	対象となる自然の事物・現象から問題意識を醸成するように、意図的な活動を工夫する。
予想・仮説の設定	問題に対する児童の考えを顕在化する。
検証計画の立案	予想や仮説を自然の事物・現象で検討するための手続き・手段となる
観察・実験	問題解決の中核である。児童による意図的・目的的な活動である。
結果の整理	実験の装置や状況に依存しない妥当な実験結果を出す。一定の視点を基にした観察結果を出す。
考　　察	観察・実験の結果を吟味する。予想や仮説の妥当性を検討する。
結論の導出	児童による問題解決を通した科学的な見方や考えた方を養う。

図 1.11　問題解決の過程
（『小学校理科の観察・実験の手引き』，文部科学省，2011，p.15 より引用）

まれている。)

　当然のことながら、現在の理科授業における問題解決の過程は、デューイの問題解決学習とは異なる。しかし、問題解決のプロセスの中に学習の目的があり、問題解決の過程そのものを学習と考えたデューイの考えは重要である。問題解決学習の理念は、子ども自身の主体性、能動的な関わりを教育の価値としていた。本節では、現在の理科授業の基本的な構成であると考えられている問題解決の過程を現代的な教育の課題を踏まえた上で、再検討しどのように発展していくべきなのか確認する。

　問題解決の過程は一般に図 1.11 の考えに基づき [15]「課題→予想→観察・実験→結果→考察」の過程をたどる。次に、それぞれの過程を検討する。

2.4.1　課題で授業の成否が決まる

　課題は教科書中の観察・実験の名称として掲載されている「観察・実験タイトル」とは異なる。教科書には「‥‥調べて見よう」「観察してみよう」「分けてみよう」「分解してみよう」「取り出そう」といった観察・実験のタイトルが掲載されている場合が多い。課題とはこのような行動目標レベルの設定や「光合成は葉緑体で行われるのだろうか」といった「はい」か「いいえ」しか問わないようなものではない。残念なことであるが、先に示したような課題から授業をスタートさせることは多い。課題は、授業のはじまりにおけ

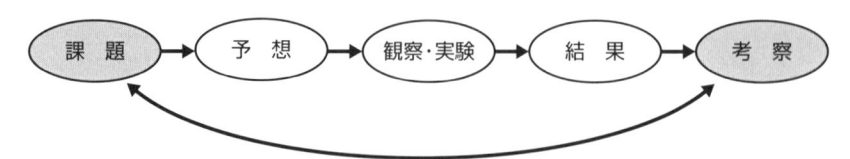

課題 → 予想 → 観察・実験 → 結果 → 考察

理科授業における課題と考察は、問いと答えの関係である

1. 課題とは行動目標レベルの設定や「はい」か「いいえ」しか問わないようなものではない。
2. 課題は子どもの疑問に基づいて導き出されるものであるので、課題を立てる前の指導過程（導入）をどう組み立てるのかに腐心すべきである。
3. 予想は、課題で問いかけたことに対する予想である（導入に何のストーリーもなければ、子どもは実験結果を予想できない）。

図 1.12　問題解決の過程の構造化

る子どもの問いである。

　授業のはじまりにおいて、子ども一人ひとりがクラスの仲間と主体的な問いを発することができる課題が重要である。この課題設定までが適切であれば、以後の授業は深まる。子どもに課題をつかませるまでの過程で、その授業の7割の成否が決まると言っても過言ではない。

　学習意欲の低下が指摘されている今日であるからこそ、この場面の方略は一層重要となる。課題は、いわば子どもの問いであるから、自らの答え（考え）が導き出される指導過程が組まれる必要がある。その問いに答える過程こそが「考察」である。つまり、考察することと、課題とに何のつながりも導き出すことができないような課題であってはならない。このことを再認識して課題を設定したい。課題は、図1.12の通り考察と正対する。

2.4.2　課題をつかむまでのストーリーを描く

　前述のように、課題は、いわば子どもにとっての課題であり、教師が「さあ！やるぞ」とはじめからお題目のように投げかけるものではない。課題は、子どもの疑問に基づいて導き出されるものであるので、課題を立てる前の指導過程（導入）をどう組み立てているのかが大変重要となる。この場面こそ、学習指導案には詳細に記述されないストーリーをたて授業に臨むことが求められる。

　そこでこの場面では、素朴概念という言葉の意味を再認識したい。平成10年度の学習指導要領の改訂以降、教師の間で聞かれるようになったこの言葉は、小学校学習指導要領解説理科編で「既有の考え」という関連するキーワードとして登場した。既有の考えとは、子どもが授業に持ち込んでくる授業以前にもっている考えである。理科授業では、子どもの既有の考えを自分自身に認知させ気づかせていく指導過程を組むことが、科学的な概念構築に寄与すると考えられている。では、いかに既有の考えを認知させればよいであろうか。そこで重要となるのは授業のはじまりにおける教師の授業力である。例えば、授業の達人、プロといった先生方の技とは何か。授業研究を終えた後、先生方が口々にする「授業が上手だね」というその評価の指標になるものは何か。それは、子どもが学びにひたっている姿を目の当たりに

したときの、その方法の知への尊敬の念である。そのひとつが教師の子どもの声を拾う即興的授業力の力強さである。子どもから飛び出してくる発言を拾い、問いとしてクラス全体に広げ、クラスが意見の発散と収束を繰り返しながら、ダイナミックに議論を展開させる力強さに満ちた教師の技が課題をつかませる前段階に必要となる。

　理科の授業は、教材の存在だけを頼りにすることがあり、観察・実験でグループに分かれて活動する場面が多いため、子どもの発言を子どもどうしのやりとりに広げたり、それを収束させたりする方略に指導の力点を置くことが少ない。理科の授業者は、いわばこの子どもの声を深化させる授業力をより力強くつけていく必要がある。そこで教師は、子どもの考えを拾い、子どもの発言や疑問にそって授業を即興で組み替える能力を鍛えることが重要である。しかし、即興だからといって計画が無くてよいということではない。計画は幹であり、横から出る枝葉が大木をつくる。綿密な計画と子どもの考えを「よむ」ことによって、この即興性は機能する。授業のはじまりにおける課題設定に至るまでのクラスのコミュニケーションは、いわば授業づくりの生命線である。

2.4.3　予想を言語活動で仮説に

　これからの理科授業づくりでは、問題に対する子どもの考えを顕在化する過程として予想と仮説を明確に分けて指導過程に位置づけてはどうだろうか。予想とは個人個人の内にあるもの。それがクラスの仲間とのやりとりを通して引き出されたものが仮説。教師は、予想を言語活動によって仮説に高める価値を認識し、そのための指導方法を持ちたい。

　しかし、教師は、子どもが予想を立てることにどれほど正面から向き合うことができているのであろうか。子どもは、予想を立てることを、どれほど有意味なことと認識しているのであろうか。この指導過程が、あてずっぽうや根拠のない直感であったりしてはならない。予想を立てさせたように思えない授業も多い。例えば、教師が予想を書くように指示し、レポート用紙にただ書かせるだけで指導を終えていたりする。こうして予想の場面は授業づくりの中で最も形骸化しやすい場面となっている。

小中学校学習指導要領解説理科編に示されている「見通しを持った観察・実験」や「目的意識を持った観察・実験」という考えを具現化する上でもここは重要な場面である。当然のことながら、予想の場面だけ切り離してその成否が問えるものではない。予想は、課題をいかに設定するのかと言った投げかけの在り方とも深い関係を持つ。課題での問いがなければ、示された実験方法の結果を単に予想させるだけの場面となってしまう。予想は、子どもが自分の考えを自分自身で認識できるときであり、言語活動によって自分自身の考えを明確化させるチャンスである。

次に示すのは、予想から仮説を立てさせようとする教育実習生の授業の試みである[16]。この授業は小学校4年生を対象にして行われた。授業は、金属のかさが温度変化によって変わるのかについて、金属球を用いて、観察・実験を行うというものである。

T：金属をあたためたり冷やしたりするとかさは。
　　（略）
T：お、5・6人てところか。はい。ここはみんなの予想ね。
　　みんなかさが変わるんじゃないかなって人と、かさは変わらないんじゃないかなって人がいました。はい。かさが変わらないって思う人。少数派だったけど。もう一回手を挙げてくれる？　理由を言ってもらえますか。ではS_1君。
S_1：金属は水じゃないから。
T：金属は水じゃないから。
S：そーじゃないでしょ。そーじゃないよー。（多数の子どもが発言）
T：水じゃないっていうのはどう言うことですか？
S_1：水は量があって・・・金属はかたい。
T：金属はかたい。金属は固いから変わりにくいんじゃないか。
S：あー。賛成。（多数の子どもが発言）
T：賛成？
S_2：固まってるから。
T：うん。固いから。かたまってるから。はい。ほかはない？　変わらな

　　　　いって言う意見は。
　　　　では、かさが変わるって考える人。理由を言っていただきたいんだよね。S_3 さん。
S_3：えーと金属はすごい高温で温めると、溶けてくるから。
T：溶けてくる。
S_3：だからそこまで多くはいかないと思うけどそれで変わったりすると思います。
T：溶けてくる。
T：金属は、高温で熱すると溶ける。高温だと溶けるから。他にかさが変わるって言う意見で理由が言える人。では S_4 君
S_4：金属はあたためると、S_3 さんが言ったように熱くなるし、あったかくなると空気がなんか金属の周りにはり付く。まとわりつく。
T：空気がまとわりつく。
S_4：うん。空気が周りにまとわりついてかさが変わると思う。
T：空気がまとわりついてきて、空気が金属に何かするんじゃないか？空気が金属に何か影響を与えるんじゃないか、何かするんじゃないかって考えだね。では S_5 君は。
S_5：うーんわかんない。たぶん水とか空気とかと一緒で、んーと、金属もあっためられるとたぶん、離れるって言うか。
T：あ、水とか空気とかと一緒で、水とか空気も温めたら増えたから金属も温めると増えるんじゃないか。
S_5：逆に冷やすと縮まる。
T：んー。じゃあ空気も水もかさが変わったから。あーなるほどね。ではここに書きます。

　この授業では、予想を立てたことを根拠を強く持った仮説に高められるようにするために、授業者は、子どもに説明を求め、考えの焦点化を図ろうとしている。また、子どもの考えは、いかに多様であるのかが分かる。教師は、金属を温めるとその体積が変化することを、水などの現象を説明することを根拠にして説明させたいと考えている。しかし、子どもの説明は「空気がま

とわりつく」という説明に代表されるように、金属の周りに存在する空気さえ現象の変化に影響を与えると指摘する。こうした指摘は、当然のことながら周囲の子どもの考えを揺さぶる。予想を仮説に高めるためのヒントは、他者と学び多様な考えを引き出すという教室が持つ機能を十分に発揮させることにある。当然のことながら仮説はクラスに1つでなくてよい。

考察は、予想・仮説と結果の関係に基づいて行われる。考察は観察・実験を行う前の自分の考えと事実として導き出された結果を比較しながら行うものである。このように考えると、この場面は指導過程の各場面と密接に関連していく場面でなければならない。

2.4.4 観察・実験と板書の機能

教師は、当然のことながら観察・実験の最中に机間指導をしている。しかし、安全指導やグループ差の解消など、子どもの行為そのものに目が向きがちであり、観察・実験で子どもがどのようなつぶやきをしているのか、疑問を感じているのかを拾いあげようとする指導に積極的であるとは言えない。更に言えば、拾いあげても、それをクラス全体に広げ、全員に共有させたり、思考を拡散させたりするなど、意図をもった積極的な指導過程を組むことができていないように思える。

ここで重要となることのひとつが板書の機能とタイミングである。教師は、学習内容を定着させるために、黒板の機能をはっきりと認識することが重要である。授業終了後に、何の板書もないという授業もあり、子どもはこの時間を通して何をつかまなければならなかったのかが分からないことが多い。板書の機能は、子どもの発した声を固定することにある。つまり、様々な発言の中から（すべてを取りあげるのではなく）教師は、戦略的に音を固定するという行為を再認識すべきである。それは、机間指導で拾いあげた声であってもよい。黒板には、授業の道筋が描かれ、これとは対照的に観察・実験レポートでは、クラスでのやりとりを踏まえさせた自分なりの考えを記述させる。観察・実験の机間指導で、拾いあげた声は、机間指導の最中に板書してもよいであろうし、課題や様々な考えが出された後に仮説を板書して、何がその時点でクラスの問題として共有されているのかを黒板に明示しても

よい。板書が「教室の音を固定する」という機能を有することに着目することが、子どもに確かな学力を身につけさせる上で重要である。

2.4.5　結果を整理し表現する

　結果を整理し表現することは、単なる事実の記録ではなく、子どもが事象を比較したり、関係づけたり、条件に着目したり、推論したりすることである。グラフや表で表現することは勿論のこと、気づいたことを言葉で書き留めておくことや描画することなど、観察・実験レポート等を活用し多様な表現を認める場として機能させる。さらに、結果は他者と吟味・共有されなければならない。そのために、教師は黒板を活用したりPCや模造紙を活用したりしながら、情報を共有させる機会を子どもに持たせる。情報の共有は、観察・実験を行った結果を説明しあうことで図られる。このようにして言語活動の充実を図りながら、自分の考えを意識化させたり再構成させたりしたい。

2.4.6　言語活動の充実による考察

　考察は、科学的な思考力・判断力・表現力を育成する重要な場面である。考察は、課題と正対する場面である。課題で投げかけられた問いに結果を参照して回答する。この際、予想と結果を照らし合わせて考察する。教師は、考察の時間を設けるだけで、個人の考えを収束させてしまうのではなく、仲間とのやりとりの時間を設け言語活動の充実を図りたい。

　こうして、子どもは、対象に対して自分で目標を設定し、既有の体系と意味づけたり、関係づけたりして、新しい意味の体系を構築していく。「意味づけ」「関係づけ」には、違いに気づいて比較する、観察している事象と既有知識とを関係づける等の操作がある。思考力を育成するために、比較する操作のモデルや関係づける操作のモデルを子どもに提供する。やがて、子どもは違いに気づいて比較したり関係づけたりする思考のスキルを獲得していく。教師は、思考を深化・拡大させるための多用な指導として、ディベート、グループディスカッションなど他者と語り合わせる具体的な指導法を構築していかなければならない。

2.4.7 問題解決の過程に「表現」の過程を位置づけること

問題解決の過程を、「科学的な思考と関連づけた表現」の観点から考えてみたい。

「表現」とは対象に働きかけて得た情報を目的に合わせて的確に表すことである。理科の表現活動は、予想のもとに実行して結果を得るための活動と得られた結果を課題に対して的確に表出する活動からなる。

そこで、理科における表現力を育成するためには、観察・実験を実行して結果を得ることのモデルや、その結果を目標や予想のもとに的確に整理することのモデルを子どもに提供することで表現のスキルを獲得させたい。教師は、図 1.13 のようにこの問題解決の過程に位置づけられる表現の過程を具体的に認識したい。

理科の表現活動
1．予想のもとに観察・実験して結果を得るための活動と
2．得られた結果を課題に対して的確に表出する活動から成立する。

予想（目的）←観察・実験（情報）→結果
予想のもとに観察・実験して結果を得るための活動

課題（目的）←観察・実験（情報）→結果（的確な表出）
得られた結果を課題に対して的確に表出する活動

課題→予想→観察・実験→結果→考察

理科授業における表現とは
対象に働きかけて得た情報を目的に合わせて的確に表すこと

理科における表現力を子どもに育成するためには、観察・実験を真に情報源として結果を得ることを繰り返し、その結果が課題や予想のもとに的確に整理・表現されているのかを繰り返し子どもに学習させていくことが重要である。

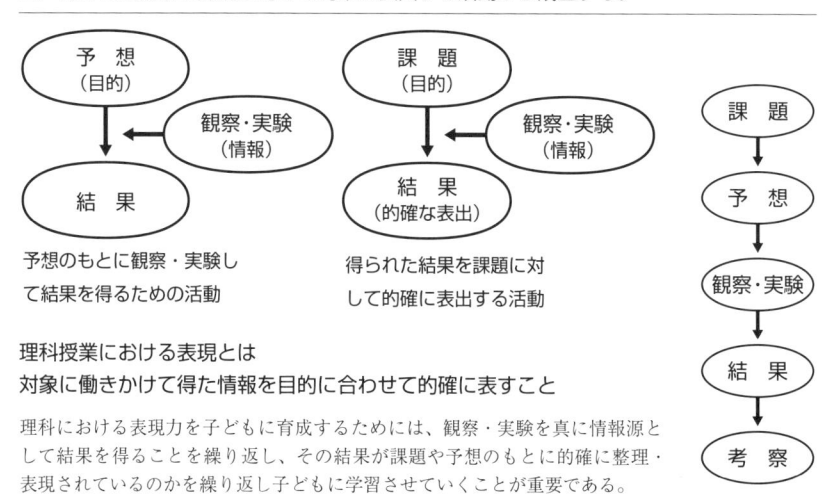

図 1.13　問題解決の過程に位置づけられる表現の過程

2.4.8　言語活動の充実と他者への説明

　問題解決の過程における説明活動の重要性を多くの教師が指摘している。そこで、説明活動が含まれた活動を行うと、科学のテキストを読んだり、問題を解いたりする場合に、例や活動をよく理解できる。説明活動を行うと、人は自分が何を知っているのか、そして知らないのか、そのトピックについてより正確に理解しようとする。そうすると、自分は何を学ぶ必要があるのかについて自分で気づくことになる。こうして、子どもは自分の知識をモニターすることになり、自分が理解していることに矛盾があるときはそれを克服しようとする。このため、同じ課題でも単にテキストを読むだけよりも理解が深まることになる。こうして子どもは言語活動の充実によって、自己の考えを認知できる。

　人は、新しい知識をテキストから得るだけではなく、説明活動を加えることによって納得的な理解に深めることができる。説明しているうちに自分の知識間のギャップ、不適切なものは何かなどに気づいて知識が構成され、自分の意見も一貫性のあるものになっていく。他者と協同で問題解決に取り組めば、一人のときよりも説明活動を行う機会も増える。その前提となるのは、課題で問うことであり、予想と結果を比較し吟味するということである。そのためには、個の考えと班の考えを適切に関係づけ、思考の収束と発散を行うこと。つぶやきをクラスの声として拾い生かすなどの教師の指導力の向上が鍵である。

2.4.9　考察とまとめ（結論）

　実際の授業では、考察するように促しても、考察を自分でせず、先生のまとめを待っている子どもが少なからずいる。観察・実験レポートの考察の欄に考察を書くように指示すると、考察の欄に自分の考えを書くのではなく、先生が最後に板書したまとめを写す子どもが少なからずいる。また、教師もそのことに気づいてはいるが、板書を写すことすらしない子どもに目が向き「自分の考えを書かせる」ということをクラス全体に価値づけられていない。こうしたことを繰り返していると、「考察」の場面は授業に位置づけられて

はいるが形骸化してしまう。

　子どもにとって、誰かが正しいことを言って、それをそのままノートに書き写すことそのものが目的化してしまい、本来、自らの考えを引き出していくことが重要な「考察」は、その価値を失ってしまう可能性がある。このようなときは、考察の後に結論（まとめ）の場面を設定するとよい。観察・実験を通して、掴んだことはどのようなことか。何を学んだのか。結論（まとめ）の場面を、知識を理解に深めるという観点から位置づけたい。結論（まとめ）の場面は、個々バラバラになっている知識をつなぐという考えで構成するとよい。それは、日常生活とつなぐでもよいし、他の学習内容（小・中学校との関連性も含めた）とつなぐということでもよい。

2.5　問題解決の過程を重視した理科学習指導案

　ここまでの問題解決の過程を重視して作成した理科学習指導案を例示する。問題解決の過程は、学習指導案の「学習活動」で明確に記した。次の2つの学習指導案（中学校第2学年　電流と電圧[17]、第3学年　運動とエネルギー[18]）の通り、学習課題をつかむ→課題を追究する（予想をたてる→観察・実験の方法をつかむ→観察・実験に取り組む）→結果を表現する→考察する（課題に向き合う）→結論をつかむとしている。

本時の学習（電流と電圧）
(1) 本時の目標
　○直列回路と並列回路にかかる電圧の規則性を見いだそうとしている。
　　　　　　　　　　　　　　　　　　　　　　　＜科学的な思考・表現＞

(2) 本時の展開

表1.9　中学校第2学年　電流と電圧　理科学習指導案

問題解決の過程	教師の働きかけと予想される生徒の反応	評価及び指導上の留意点
1. 課題をつかむ		○前時の学習（電流の関係）で、気づいたこと、分かったことを発表させ、既習事項を確認しておく。
豆電球2個を直列や並列につないだとき、それぞれの豆電球にかかる電圧は、乾電池の電圧に比べてどうなるだろうか？		
2. 課題を追究する (1) 予想を立てる ・各豆電球にかかる電圧の大きさについて予想し発表する (2) 観察・実験の方法をつかむ (3) 観察・実験に取り組む	○前時に調べた電流の関係や豆電球の明るさの違いなどを想起させ、豆電球にかかる電圧の大きさの違いを考えさせる。 ○生徒個々の考えを確認し合うために、交流の場を設定し発表させる。 ○豆電球にかかる電圧の測定の仕方、電圧計のつなぎ方を考えさせる。 ・図を用意して、直接書かせることで、確実に理解させる。 ○測定結果を正しく読み取り、ワークシートに記録させる。 ○目盛りの読み方・接続の仕方は、机間支援でチェックし、個別に指導をする。 ○結果の記録の仕方を工夫する。	○「なぜそうなるのか」、根拠のある理由をあげて考えさせる。 ＜関心・意欲・態度＞ 電圧の大きさの違いを進んで考えようとする。 【観察・発言・記述】 ○直列、並列の回路図を用意しておき、各自で考えさせる。 ＜技能＞ 直列、並列回路にかかる電圧を測定することができる。 【観察】 ○明るさの違いに目を向けさせる
3. 結果を整理し表現する ・班の測定結果を黒板に書く	○結果を交流することで、自分の結果との共通点や差異点に気付かせる。	＜思考・表現＞ 実験結果を記録し、発表することができる。【記述・発言】
4. 考察する (1) 予想と結果を比較する ・自分なりの考えをまとめる (2) 直列、並列回路の電圧と乾電池の電圧の関係について考える。（課題に向き合う） 5. 結論をつかむ	○予想と結果や他の結果等を比較・分析しながら、豆電球にかかる電圧と乾電池の電圧との関係について考えさせる。 ○生徒の考えを深めるために、自分の考えを基に、本時の課題「各回路の電圧の規則性」について話し合わせる。 ○直列回路と並列回路の電圧の関係（規則性）をまとめる。	○必ず、自分で考えさせる。支援が必要な場合は、個別指導を行う。 ○結果と予想を照らし合わせる ＜思考・表現＞ 直列回路と並列回路にかかる電圧の規則性を見出すことができる。【記述・発言】

本時の学習（運動とエネルギー）

(1) 本時の目標

　○斜面の角度が大きいほど、斜面の下方向に働く力が大きくなり、斜面を下る台車はだんだん速くなることを見いだすことができる。

　　　　　　　　　　　　　　　　　　　　　　　　＜科学的な思考・表現＞

(2) 本時の展開

表1.10　中学校第3学年　運動とエネルギー　理科学習指導案

問題解決の過程	教師の働きかけと予想される生徒の反応	評価及び指導上の留意点
1. 課題をつかむ 斜面の角度を変えると、斜面を下る台車の速さと斜面に沿って下方向に働く力の大きさにはどんな関係があるだろうか？		○教科書p.6・7の図や自転車やスキー等、日常生活で見かけたことや体験したことを想起させる。
2. 課題を追究する (1) 予想を立てる ・斜面の角度と台車の速さの変化について予想し発表する (2) 観察・実験の方法をつかむ (3) 観察・実験に取り組む	○斜面の角度を変えると、台車の速さが変わるのはなぜかを考えさせる。 ○ボールを速く投げたり、自転車を速くするためには、力の大きさが関係していることに気付かせる。 ○速さと力を測定する方法を考えさせる。 ・速さ：記録タイマー ・力：バネばかり ○斜面の角度は、6度・9度程にする。 ○記録タイマー、記録テープの扱い方は机間支援等で個別に対応する。	○「なぜそうなるか」、根拠のある理由をあげて考えさせる。 ＜関心意欲態度＞ 斜面の角度と台車に働く力の大きさの関係を考えようとしている。【観察・発言・記述】 ○角度を大きくしすぎると、変化が大きく処理しにくくなるので注意する。 ○打点を区別できる部分を使う。
3. 結果を整理し表現する ・班の測定結果を黒板に書く	○記録テープを0.1秒ごとに切り分け方眼紙に貼り付ける。 ○結果を発表し合う。 ○表にまとめた結果をグラフに表す。	＜思考・表現＞ 0.1秒ごとに記録テープを切り分け、グラフに表し、結果を発表することができる。 【記述・発言】
4. 考察する (1) 予想と結果を比較する ・自分なりの考えをまとめる ・結果と予想を照らしあわせて考える (2) 意見交流をすることで、課題に対する考えを深める。 5. 結論をつかむ	○予想と結果から、斜面の角度が大きいほど、0.1秒で進む距離に着目させ、その変化から2つの関係を考えさせる。 ○斜面を下る速さと斜面の下方向に働く力の大きさの関係を推測させる。 ○斜面の角度が大きいほど、働く力が大きく、速くなることを説明する。	○まずは自分で考えさせる。支援が必要な場合は、個別指導を行う。 ＜思考・表現＞ 斜面の角度が大きいほど、台車に働く力が大きく、斜面を下る台車はだんだん速くなることを見いだすことができる。【記述・発言】

【引用文献】

1) Berkowitz, M. W. & Gibbs, J. C., 1983, Measuring the devolopmental features of moral discussion, *Merrill-Palmer Quarterly*, **29**, 399-410.
2) Brown, A. L., 1992, Design experiments: Theoretical and Methodological challenges in evaluating complex interventions in classroom setting, *The Journal of the Learning Science*, **2**, 141-178.
3) Berlyne, D. E., *Structure and direction in thinking*, 1965, John Wiley & Sons. 橋本七重・小杉洋子訳,『思考の構造と方向』, 明治図書, 1970.
4) 堀哲夫：理科教育学講座5, 理科の学習論（下）, pp. 196-198, 日本理科教育学会編, 1992.
5) Hashweh, M. Z., Toward an explation of conceptual change, *European Journal of Science Education*, Vol. 8, No3, pp. 229-249, 1986.
6) 稲垣成哲・寺川智祐編「理科学習指導の実際」,『理科教育学概論』, 大学教育出版, p115, 1993.
7) 片山幸毅「葛藤条件の提示による溶解時の質量保存概念の意識変容に関する研究－先行オーガナイザー的な授業方略を通して－」, 上越教育大学修士論文. pp. 18-23, 1998.
8) 益田裕充「発展的な学習内容と教材に関する研究」, 教材学研究, Vol. 16, 2005.
9) 学校図書『中学校理科3年』, pp. 221-223, 1965.
10) 文部省『中学校学習指導要領解説理科編』, pp. 71-77, 1999.
11) 益田裕充『確かな学力を育む理科教育の責任－「わかる」授業の構想から実践まで－』, 東洋館出版社, pp. 83-85, 2003.
12) 益田裕充「認知的葛藤を促す教材に関する研究」, 教材学研究, Vol. 16, pp. 133-134, 2005.
13) 石橋政子「ディベート手法による進化の指導」SCIRE中学校理科教育実践講座第7巻, pp. 104-110, 1997.
14) 益田裕充「認知的葛藤を促す教材に関する研究」, 教材学研究, Vol.16, pp.135-136, 2005.
15) 文部科学省『小学校理科の観察・実験の手引き』, p.15, 2011.
16) 小林秀平「リボイシングによる理科授業の深化過程」, 群馬大学教育学部卒業論文研究, 2012.
17) 益田裕充編著『言語活動の充実と思考力・判断力・表現力を育む理科授業2年』, 学校図書, 2011.
18) 益田裕充編著『言語活動の充実と思考力・判断力・表現力を育む理科授業3年』, 学校図書, 2011.

第3章　学習内容の系統性とカリキュラム

3.1　学習内容と教材の系統性

　遠西（2001）は、学習指導要領の改訂によって内容が厳選されることについての問題点を「科学は、自然事象を関係づけ、理解させるものである。学ぶべき知識が減れば結びつける対象がなくなり、子どもは、経験事実をいたずらに記憶することを要求される」と、指摘している[1]。学習指導要領の大綱化を受け、文部科学省から示された『個に応じた指導に関する指導資料』によれば、発展的な学習とは「学習指導要領に示す内容を身につけている生徒に対して、学習指導要領に示す内容の理解をより深める学習を行ったり、さらに進んだ内容についての学習を行ったりするなどの学習指導」[2]であるとされる。

　これらの指摘を背景にして、本章では、カリキュラムの基本的な構成要素であるスパイラル性について触れる。理科のカリキュラムは、スパイラルに構成されている。平成10年度の学習指導要領のもとでの学習内容の厳選を問題視する指摘があるが、このときの学習内容の厳選は、繰り返し学ぶ内容を対象にして厳選された。つまり、減らしたことそのものよりもスパイラルを崩壊させたことに問題がある。

　例えば、小学校理科第6学年「生物とその環境」と中学校理科第1学年「植物の世界」における学習内容と教材の系統的な発展について考えてみよう。両単元には光合成の学習がある。子どもは、「植物の葉に日光が当たるとでんぷんができること」を小学校で学び、それが「光をエネルギー源としてデンプンなどを合成する」システムであり「光合成」と呼ばれることを中学校で学ぶ。理科では、植物が日光を利用して生命を維持することが小・中学校の学習内容として系統的に位置づけられている。学習内容が系統的であるのと同時に、教材も系統的に配置されていなければならない。

　この学習内容は、小学校と中学校間の1年という期間で繰り返される最

短の学習内容である。例えば、中学校第1学年の授業で「光合成」という用語を身につけさせることだけが新たな学習であるとすれば、中学生の学習意欲を向上させることは難しいであろう。特に、教材は、子どもが何を学び何を身につけているのか、子どもの学びをモニタリングしながら提示されなければならない。中学校では、小学校で光合成を検証した教材を再び用いるのではなく、小学校とは異なる授業のねらいを達成するための教材を適切に選択することが重要となる。知識は自ら問うことにより獲得される。子ども自らがその教材を使う意味に気づかせることが重要であり、翻せば、子どもに学ぶことの意味に気づかせる教材こそ教材の価値として重要となる。学習内容の系統的な配置を考えたとき、そこで用いられる教材も系統的な配置になっていなければならない。

3.2 小・中学校カリキュラムの系統性の検討

次に、小中学校の学習内容の系統性からカリキュラムを概観する。そこで「月が満ち欠けする理由」と「金星が満ち欠けする理由」の学習をとりあげ検討する。まず、昭和33年改訂以降の学習指導要領のもとで作成された同一の教科書会社の小学校理科教科書を対象に「月が満ち欠けする理由」がい

表1.11 各学習指導要領下での学習内容の位置づけ

学校種	小　学　校				中　学　校		
学　年	3年	4年	5年	6年	1年	2年	3年
昭和33年改訂							月／金星
昭和43年改訂				月	金星		
昭和52年改訂					金星		
平成元年改訂			月		月／金星		
平成10年改訂							金星

「月」とは「月が満ち欠けする理由」について学習していることを示し「金星」とは「金星が満ち欠けする理由」について学習していることを示す。空欄は扱いが無かったことを示す。

かに扱われてきたのか。さらには、中学校の学習内容である「金星が満ち欠けする理由」は、学習指導要領の変遷によって、いかに扱われてきたのかを調べた。その結果を表1.11に掲載した[3]。

　学習指導要領の変遷を辿ると、中学校では「金星が満ち欠けする理由」が、一貫して扱われてきたのに対し、小学校では「月が満ち欠けする理由」が、改訂のたびに削減もしくは中学校での扱いの対象となりその都度異なる扱いであったことが分かる。当然のことながら子どもにとって満ち欠けする身近な天体は月である。

　昭和33年改訂小学校学習指導要領のもとでは「月が満ち欠けする理由」について、小学校での内容的な扱いはない。このためか、中学校第3学年で金星の学習の前にこれを扱っていた。昭和43年度の改訂によって、はじめて小学校第6学年に月が満ち欠けする理由についての学習が取り入れられ、金星の満ち欠けの理由は、中学校第1学年で扱われていた。次の、昭和52年改訂学習指導要領のもとでは、月が満ち欠けする理由を学習することは、義務教育9年間で一度もなくなっている。

　昭和52年改訂時の中学校第1学年の理科授業時数は105時間であり、その直後の、平成元年改訂の中学校学習指導要領では同様に105時間の扱いであったが、月が満ち欠けする理由についての学習が復活し、さらに、小学校第5学年でも扱われていた。このときの小学校学習指導要領では、小学校理科の授業時数が第1学年から第6学年まで68、70、105、105、105、105時間（総計558時間）であった。小学校第4学年で月が満ち欠けするという事実のみが扱われ、年間理科授業時数が105時間の中で「月が満ち欠けする理由」は扱われなかった。しかし、直後の平成元年改訂の小学校学習指導要領では、小学校理科の授業時数は、生活科を生み出すために第1、2学年でなくなり、その結果、小学校理科の授業時数は、第3学年から第6学年まで105、105、105、105時間（総計420時間）となった。第1、2学年の内容が上の学年に移行されたにもかかわらず「月が満ち欠けする理由」は、前回と同様の105時間の第5学年の扱いの中に再び位置づけられている。昭和52年から平成元年の改訂に至る過程を取りあげると、総授業時間数から学習内容を新たに加えることが難しくなる状況にありながらも「月が満

欠けする理由」が復活しているのである。

　つまり、学習指導要領の変遷下において、理科の総授業時間数と関連することなく、「月が満ち欠けする理由」についての学習内容は、その都度、削減や復活再掲載の対象とされてきたことがわかる。また、学習指導要領に位置づけられる際は、常に、小学校第5学年以上に学習が位置づけられていた。この学習内容は、授業時数との関連よりも、別の要因により掲載の有無が決定されてきたと推測できる。学習内容が、小学校第5学年以上に位置づけられてきたことから考えると、子どもの空間認識の発達と学習内容が適したものかという検討がこの学習の位置づけを左右したのではなかろうか。

3.3　学びのストーリー性をマネジメントする学習内容とは

　平成20年度の中学校学習指導要領の改訂によって、中学校理科では火成岩6種類の岩石名（花崗岩、閃緑岩、斑糲岩、流紋岩、安山岩、玄武岩）を再び扱うこととされた[4]。平成10年度改訂時は代表的な2種類の岩石名（花崗岩と安山岩）を扱うこととされていたが、火山岩と深成岩をそれぞれ3種類扱うことが復活したのである。平成10年度においても平成20年度においても火成岩を構成している6種類の鉱物名は、そのまま継続して扱うこととされている。では、平成10年度改訂のように火山岩と深成岩の代表

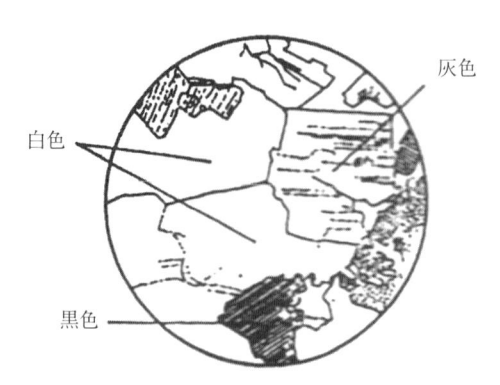

図 1.14　火成岩表面のスケッチ

第3章　学習内容の系統性とカリキュラム

として安山岩と花崗岩のみを扱うとしていたらどうだろうか。

例えば、教師は授業で図1.14のような観察のスケッチを示し、「岩石名を特定する」よう質問をしたとする。このとき扱う火成岩の種類が異なると、それぞれ子どもはどのような思考過程をたどるだろうか。

それは、2種類の岩石だけ学んでいたとすれば次のようになる。
①岩石は等粒状組織である。
②等粒状組織であれば深成岩である。
③深成岩であれば花崗岩である。

これが、現行学習指導要領のもとでは次のようになる。
①岩石は等粒状組織である。
②等粒状組織であれば深成岩である。
③深成岩の中に、石英や長石や黒雲母が含まれている。
④石英や長石や黒雲母が含まれるという鉱物の特徴から花崗岩である。

前者では、「岩石名を特定する」という問いに答えるために鉱物名を学ぶことは意味を持っていないことが分かる。後者では、この問いに答えるために鉱物名を学ぶことが意味を持っている。前者は、子どもが、深成岩であれば花崗岩であると結びつけているため、鉱物の名称は特別な意味を持つものではなく、後者では、子どもが、深成岩には3種類あり、それは含まれる鉱物によって分類されることを学習しているために鉱物の名称を学んでいることは特別な意味を持つようになる[5]。

前者では、何のために「鉱物名」まで学ぶのか、その明確な理由が学びのストーリーをつくるという点から不明である。火成岩を6種類示すという学習内容の削減は、結びつける知識の対象がなくなり、鉱物名をただ暗記せざるを得ない状況をつくり出してしまうのではないだろうか。このような子どもの思考を踏まえたいわば学びのストーリーをマネジメントするカリキュラムづくりが重要である。

3.4　子どもの発達とカリキュラムの創造

　子どもの発達の観点からカリキュラムを概観することは重要なことである。前述のように、平成10年度の小学校学習指導要領のもとでは「月が満ち欠けする」という事実を小学校第4学年で学習するが、それが、なぜなのかといった理由を、9年間の義務教育で一度も学ぶことがなかった。中学校第3学年「地球と宇宙」で、金星が満ち欠けする理由を学ぶが、小学校では、月がなぜ満ち欠けをするのかその理由を学んでいなかったのである。しかし、平成20年度の改訂において、小学校第6学年に月の満ち欠けの理由が再度加えられている。では、子どもの空間認識という発達の実態からこのカリキュラムを評価してみる。

　ピアジェ（1956）は、子どもの空間概念の形成について、①形とそれらの近傍関係を中心とした位相的空間の認識、②視点の移動を中心とする射影的空間の認識、③水平・垂直の座標系を中心とするユークリッド的空間の認識の観点からこれを分類し調査を行った。その結果、子どもには、はじめに近傍、連続、閉鎖、境界に対する位置などの位相的空間の認識が優先し、次に、射影関係とユークリッド関係が同時に相関してつくられ、射影関係については観点（視点）が、ユークリッド関係においては尺度的基準が共応するまでに至ると指摘している[6]。

　萩生田（1993）は、上述したピアジェの考え方を参照し、小学校第1学年から第3学年までの子どもを対象として、空間概念の認知レベルを測定している。その結果、日本の第1学年から第3学年に空間概念の発達の上で差があることを指摘している[7]。ジョーンズとレンチとリーシンク（1987）は、9歳から12歳の子どもへの面接を通して、地球、太陽および月の形やサイズ、および動きに関する調査を実施している。その結果、3つの天体の空間的な関係・形および大きさについて、子どもたちの考えをいくつかのカテゴリーに分類している[8]。

　特に、天体の形に関する子どもの認識を3つのカテゴリーに分類している。

第一のカテゴリーは天体の形を2次元で表現してしまうなど、本来の形を認識できるまでに準備ができていない段階とし、第二のカテゴリーは立体的ではあるが球をとらえきれない段階、第三のカテゴリーは球としてとらえられる段階である。この結果、9歳と12歳の子どもを比較し天体の形の認識に差があることを指摘している。これをふまえて、小学校第4学年から中学校第3学年までの視点移動に伴う空間認識の実態を調査した。調査問題は、図1.15の通り小学校第4学年の教科書に掲載されたモデル図をもとに作成した。調査の対象とした子どもは、同じ学校で学び、同じ中学校に進学する小学校第4学年から中学校第3学年までとした。対象とした小・中学生は、「月が満ち欠けする理由」について小学校で学習せず、中学校第3学年でも金星が満ち欠けの理由を学習する前の子どもとした[9]。

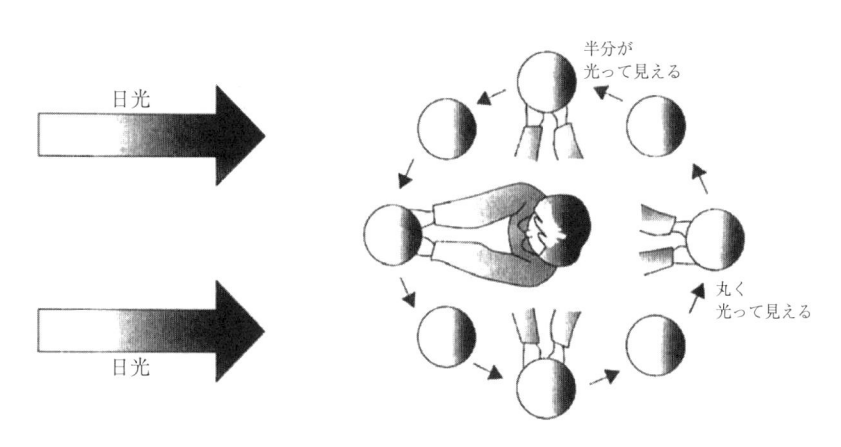

図1.15　説明に用いられてきた図（益田、2003）

調査では、一方向からボールに光をあてると、どの部分に影ができ、中心でボールを持っているA君から見るとどのように見えるのか質問し回答を得た。「A君の手の中にあるボールにできる影」について子どもの回答を表1.12にまとめた[10]。

表1.12の結果から、例えば図1.16や図1.17のようにとらえてしまうなど、

子どもは、日光に対し垂直方向を境とし、その反対側に影ができることすらとらえられないことが分かる。

表1.12 「手の中にあるボールの影」の調査結果　　　　　　　　　[人]

学　年	小4	小5	小6	中1	小2	小3
光と影の部分が正しく描けた子ども	1	8	12	17	24	21
光と影の部分が正しく描けない子ども	27	23	19	16	7	8

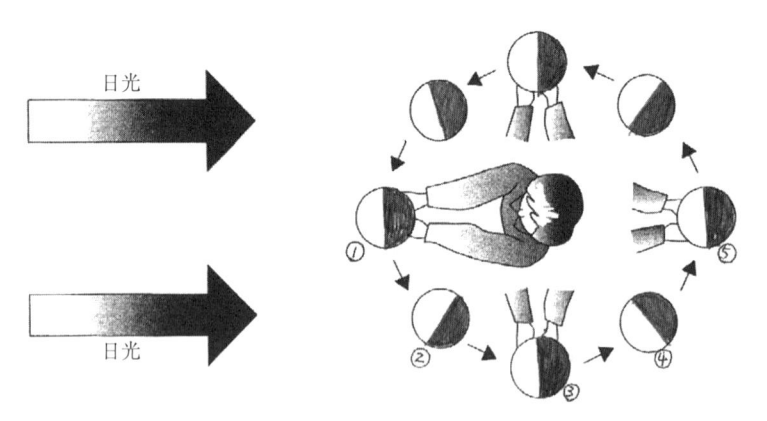

図1.16　正しく描けない子どもの描画（小学校第6学年）

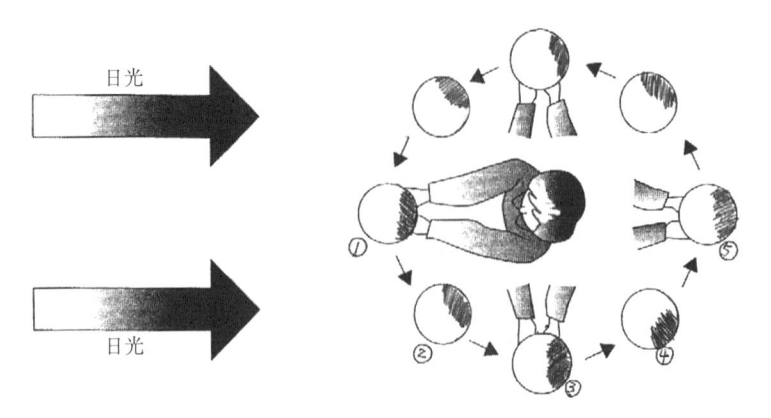

図1.17　正しく描けない子どもの描画（小学校第5学年）

表 1.13 「A君から見えるボールの様子」の調査結果　［人］

学　年	小 4	小 5	小 6	中 1	小 2	小 3
光と影の部分が正しく描けた子ども	1	2	7	8	16	18
光と影の部分が正しく描けない子ども	27	29	24	25	15	11

　次に、中心にいる「A君から見えるボールの様子」についての回答を表1.13にまとめた。
　表1.13の正答者は、すべて表1.12に正答できた子どもであった。つまり、日光があたる方向から垂直方向に光と影の境界ができるという考えを持つことができなければ、A君から見えるボールの様子をとらえられようはずがない。特に、小学生では、図1.16、図1.17のように手の中にあるボールの影すら描けない子どもが半数以上存在し、こうした傾向は顕著であった。
　中心にいるA君から見えるボールの様子を描画できるためには、（頭の中で視点を動かして、そこで見えるであろう風景を任意に構成できるようになるために）子どもに光と影の境界を明確にとらえさせることがその前提となる。このように月の満ち欠けの理由を説明するために用いられてきた図を用いて、子どもの空間認識の実態を調査すると、中学校第2学年においても約半数の子どもが視点を移動させ、光と影の境界を正しく描けないことが分かる。日光が当たる方向に対して垂直方向に光と影の境界ができるととらえられない子どもは特に小学生に多く存在する。
　次に、図1.18のように、太陽光線があたり月・地球と平面上に位置する2つの天体の関係を示す図を提示し、この図は、観察者がどこから見て描いたものか質問した。この調査では、水平・垂直の座標系を中心とするユークリッド的空間認識を調査するために、観察位置を垂直方向におき、対象を位置づけながら空間を構造化できるか調査したものである。「この図は上から見た図である」などと、地球の公転面に対し、垂直な方向から観察して描いたと指摘している回答を正答とし抽出した。各学年の調査結果は表1.14の通りとなった。
　小学校第4学年では、正答者は無く、この回答を「宇宙から」と9割の子どもが回答した。小学校第4学年では「観察位置」そのものを特定しよう

質問：下の図は太陽の光があたる様子です。この図は地球と月をどこからみたものですか。あなたの考えを説明してください

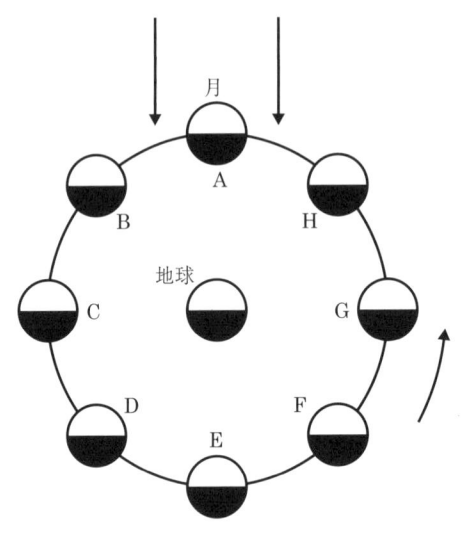

図1.18 観察地点を問う問題

表1.14 垂直の座標系を中心とする空間認識の調査結果　［人］

学　年	小4	小5	小6	中1	小2	小3
観察位置がとらえられる子ども	0	6	19	23	25	23
観察位置がとらえられない子ども	28	25	12	10	6	6

とする（存在する）考えさえもてない可能性が高い。この調査を通して、観察位置が存在することを認識できるようになるのは小学校第5学年からであった。さらに、小学校第5学年の子どもでも、わずか6名しか垂直方向に観察位置があることを正しく指摘できなかった。しかし、小学校第6学年になると、観察位置が垂直方向にあることを正しく指摘できる子どもは増加し半数を超えている。中学校第1学年以降では垂直座標系を中心とする観察位置を認識する子どもの正答者数は、学年進行とともに大きな変動はない。

つまり、小学校第4学年では「観察位置」そのものが別の地点に存在するという考えさえもてない可能性が高い。観察位置が垂直方向に存在することを認識できる子どもが現れるようになるのは小学校第5学年からで、小学校第6学年以降に正しい指摘は半数を超えるようになる。これらの実態から、平成20年度学習指導要領で月が満ち欠けする理由を小学校第6学年に位置づけたことは適切であろう。カリキュラムへの学習内容の位置づけは、一方でこのような子どもの空間認識の発達など、能力形成の実態とも関連づけて考える必要がある。

3.5　学ぶべき知識の減少は学習を易しくするのか

　理科授業では、自然事象と自然事象を関連づけて理解させることが重要となる。このような関係を子どもが理解できているのか評価する手法として関連図法がある。ここでは岩石の階層的な関係をどのように子どもはとらえているのか明らかにしながら、学習内容の関係を構築するカリキュラムの重要性について述べる。

　まず、中学校第1学年の火山の単元の学習を終えた直後、火成岩の概念は階層的に理解できているのか関連図を用いて調査した。関連図法とは、用語に与えられた意味を集合で示し、集合の重なり方からその用語に与えられている意味を探る手法である[11]。関連図法とは、たとえば「火成岩」「火山岩」「深成岩」の関係は図1.19のように表すことができる。

　そこでこの3つの関係を示す関連図を子どもに描かせ、学習後に火成岩

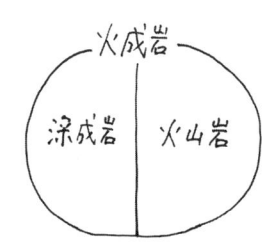

図1.19　火成岩の関係を示す関連図

の階層性がどのように理解できたのか調査した。調査は、平成元年改訂の中学校学習指導要領のもとで6種類の火成岩名を学んだ子どもと、平成10年改訂の中学校学習指導要領のもとで2種類の火成岩名しか学ばなかった子どもを対象に行った。図1.20と図1.21は、それぞれの学習指導要領のもとで学んだ子どもが描くことのできる学習の成果が現れた関連図である。

その結果、それぞれの中学校学習指導要領のもとで学ぶ子どものうち、「火成岩」「深成岩」「火山岩」という3つの関係を正しく理解している子どもと正しく理解していない子どもは表1.15の通りとなった。

次に「火成岩」「深成岩」「火山岩」「花崗岩」「安山岩」という、5つの関係を正しく理解している子どもと正しく理解していない子どもは表1.16の通りとなった。両者に有意差が生じた。

つまり、両中学校学習指導要領のもとで学んだ子どもを比較すると「火成

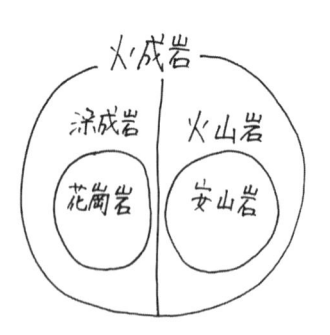

図1.20　平成元年改訂の学習指導要領のもとで子どもが身につける正しい関連図

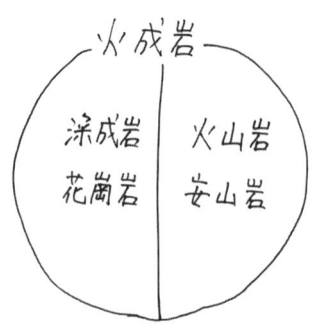

図1.21　平成10年改訂の学習指導要領のもとで子どもが身につける正しい関連図

表1.15 それぞれの学習指導要領で学ぶ正答者数および誤答者数

異なる学習指導要領で学ぶ中学生	正答率	誤答率
平成元年改訂中学校学習指導要領解説理科編で学ぶ中学生	56	18
平成10年改訂中学校学習指導要領解説理科編で学ぶ中学生	48	20

$\chi^2(1) = 0.468$ n.s.

表1.16 それぞれの学習指導要領で学ぶ正答者数および誤答者数

異なる学習指導要領で学ぶ中学生	正答率	誤答率
平成元年改訂中学校学習指導要領解説理科編で学ぶ生徒	44	30
平成10年改訂中学校学習指導要領解説理科編で学ぶ生徒	26	42

$\chi^2(1) = 6.386$ $p < .05$

岩」「深成岩」「火山岩」の関係を理解できる子どもの数に変化はないが、「火成岩」「深成岩」「火山岩」「花崗岩」「安山岩」の関係を理解できる子どもは、平成10年度の学習指導要領のもとで減少していたことが分かる[12]。これは、学ぶべき知識の減少が学習を易しくはしないことを示している。学びの対象として知識を獲得することが関係性を構築できることの証である。大綱的な学習指導要領のもとでどのような学習内容を新たなカリキュラムとして顕在化させるのかの答えがここにある。

しかし、学習指導要領の大綱化という規制緩和の流れを察しながらも、教壇に立つ教師の最低基準についての捉えは冷ややかである。教師の「1年で教科書を終わらせるだけで精一杯だ。」という考えは、教科書の内容を最高基準とする捉え方である。大綱化のもとで、教師一人ひとりに創意を生かしたカリキュラムを創造できる力が求められている。

【引用文献】

1) 遠西昭寿『新教育課程で理科授業はこう変わる』, 明治図書, pp. 4-5, 1998.
2) 文部科学省『個に応じた指導に関する指導資料』, pp. 12-13, 2002.
3) 益田裕充「学習指導要領への位置づけの変遷と子どもの空間認識に基づく発展的な学習内容の検討」, 科学教育研究.

4) 文部科学省『中学校学習指導要領解説理科編』.
5) 益田裕充『確かな学力を育む理科教育の責任-「わかる」授業の構想から実践まで-』, 東洋館出版社, pp. 117-118, 2003.
6) ピアジェ著・滝沢武久訳『心理学と認識論』, 誠信書房, pp. 14-15, 1978.
7) 萩生田忠昭「児童の空間概念の認知レベルの調査研究」, 日本理科教育学会研究紀要, Vol.34, No. 2, pp. 25-33, 1993.
8) Jones, B. L., Lynch, P. P. & Reesink, C.:Children's conceptions of the earth, sun and moon. *International Journal of Science Education*, **9**, 43-53, 1987.
9) 益田裕充『確かな学力を育む理科教育の責任-「わかる」授業の構想から実践まで-』, 東洋館出版社, p. 143, 2003.
10) 益田裕充「学習指導要領への位置づけの変遷と子どもの空間認識に基づく発展的な学習内容の検討」, 科学教育研究.
11) White, R. & Gunstone, R.（1992）:*Probing Understanding*, The Falwer Press, pp. 123-141.
12) 益田裕充「学習内容の厳選と指導法の相違が中学生の火成岩概念の形成に与える影響」, 地学教育, 2004.

第 4 章　教師としての成長と理科授業研究による授業力の向上

　経済協力開発機構の PISA 調査結果から、日本の子どもは「思考力・判断力・表現力等を問う読解や記述式問題、知識・技能を活用する問題に課題」があることが指摘された。これを受けて、平成 20 年 1 月には「学習指導要領等の改善について」答申され、「思考力、判断力、表現力等の育成」が現在の日本の子どもにとって喫緊の課題であると指摘されている[1]。理科では、小学校学習指導要領解説理科編で「科学的な思考力・表現力の育成を図る観点から、学年や発達の段階、指導内容に応じて、例えば、観察・実験の結果を整理し考察する学習活動」が重視され、授業の指導過程の中に思考力や表現力を育成するための場面を明確に位置づけることが求められていることはこれまでにも示した通りである[2]。
　OECD 参加 30 カ国を対象にして行われた PISA 調査は、最終到達年度を次期学習指導要領の改訂が見込まれる 2020 年と想定している。先進諸国の製造業就業率が激減する中で、日本の学校教育はどのように変質すべきなのだろうか。PISA 調査で明らかになったことは、日本の子どもの読解力（2009 年調査でやや改善）に課題があるということである。ここでは、まず読解力の育成をめぐる 3 つの問題を指摘する。
　まず、第一に、子どもの側から読解力を考える。子どもにとって、家庭学習で国語をどのように学習したらよいか分からないという実態が現在まで続いてはいまいか。反復練習以外に国語の勉強の仕方が分からないのは、何のために国語という教科を学ぶのかその目的を伝えることができずにいる実態があるのではないか。
　第二に、教師をめぐる読解力育成の問題である。コミュニケーションが、教師からの情報提示、子ども同士の話し合いと同じに扱われ、量と活発さにばかりが着目されているのではなかろうか。つまり、言語活動の充実と言われながらも授業の言葉による質的な検証がほとんどなされていない。子どもに思考させるための課題や考えるための間の構成など、言葉の質やそのプロ

セスが教師として議論されることが少ないのではないか。

　第三に、学校全体をめぐる問題である。授業研究や校内研修で一般的な方法や教材の話が多く、授業中の具体的な言葉にふれて議論できる機会と専門的力量が教師に十分に形成されているとは言い難いのではないか。子どもの言葉・表現の差異により考え方の違いだけが論じられ、精緻化による理解・深化過程を重視した議論が少なくなってきているのではないか。

　これらは読解力の形成に関わる多面的な検討の視点である。秋田らは、質の高い教師教育や専門性開発での経験に関わることが、教師の信念や知識に変化をもたらし、その変化が、その後の教室での実践化に影響し、そして究極的には子どもの学習の改善を導くことを指摘する[3]。このように教師の学びが子どもの学びに与える影響が大きいことは当然のことである。教師の授業力向上のために、様々な種類の研修が多く存在するなど、教師の職責遂行にとって重要な能力形成の機会がある。こうした中でも特に、授業研究会は日本独自の教育文化を支えてきた重要な取組みであり、教師の成長にとって欠かすことができない。そこで、前述した子どもの読解力をめぐる3つの課題を解決するためのヒントを授業研究会と授業づくりをめぐる教師の成長の実態に焦点をあて検討する。

4.1　学習科学研究と教師の熟達

　日本の授業研究には長い歴史がある。群馬県島小学校の実践で知られる斉藤喜博校長は「ゆさぶり発問」として「出口」を「でるくち」だと満足している教師や子どもに、そんなところは「出口」ではないと指導した。同じことばでも解釈はひとつではなく「ゆさぶり」を行うことで「発問」に授業の命を吹き込んだのである。発問に授業の命を吹き込む実践が、例えば「大造じいさんとガン」の授業を38時間もかけて追及しあえるような群馬県島村の「島小学校の実践」として結実している。このように日本の授業研究の文化は古くから教師の授業力の向上にとって欠かすことのできないものとなっている。

あれから半世紀が過ぎようとしている今、授業研究会で教師は何を問い、そこで、どのような質の討論が行われているのであろうか。授業研究会では、本来、教師が抱いている授業づくりの価値を真正面から議論することができるはずである。こうした授業研究を包含する研究が学習科学として近年着目されるようになっている。

ルイス（2003）は授業研究を次のように指摘する。「授業研究は特定の授業・単元・教科の目標を注意深く考え、可能範囲でより良い授業へと研究改善し、自らの教材や教科の専門的知識への理解を深め、生徒の長期的な学習や発達への目を培い、学校での協働関係を形成するものである」と。ルイスはこのように、教師相互の協働の学び合いの場として、授業研究が機能する必要性を指摘している。

特に、近年の学習科学研究の多くは、教室の文脈における教授と学習に焦点をあてたものである[4]。教師がどのように教えるべきか、あるいは教えているのかに着目し、さらには、新たに教師たちがどのように新しい教え方を学んでいるのか、といった教師の学習に焦点があてられている。フィッシュマンとデービスは、教師が教え方を学ぶとき、教職専門性の連続的変化（teachers' professional continuum）と呼ばれる発達の軌道をたどると指摘する[5]。この連続的な変化は、教師のキャリアの3つの主要な段階と一致し、それは、養成教育（preservice education）、初任者研修（induction into teaching）、そして、断続的な専門家としての熟達（continuing mastery of the profession）であるとされる[6]。

教師になることを志望する学生は、指導に関する新たなビジョンをもち、指導の手立て（teaching repertoire）を増やしながら、学習者や学習過程の理解を深めていかなければならない。その後、初任者として、教職という学校のコミュニティでより広い文脈についての知識を形成していく。本章では、このような教師としての成長と熟達を理科授業の視点から概観する。

4.2　授業研究会を評価する観点とは

　学校は教える専門家の集団であることは当然のことである。これからの教師集団は、より一層、学びの専門家集団へ変貌することが求められる。現行の学習指導要領の改訂によって、知識基盤社会への移行が強調されているが、知識を基盤とする社会であるのにも関わらず、授業が相変わらず伝達型であってはならない。教師が相互に学び合い、子どもやカリキュラムから学ぶ文化を創り出していくために授業研究が重要であると認識されてから長い年月が経つ。日本において授業研究の歴史的起源は、明治初期にまでさかのぼる。「導入・展開・まとめ」の段階で授業を構成する枠組みや、あるいは発問研究を中心に授業研究を行う方式として根強く継承されているといってよい。

　近年、日本の授業研究は、10年ほど前から「レッスンスタディ」として訳され米国をはじめ、世界の国々から注目されている。日本の学校の授業研究は歴史的に多様な流れを持ち、それを支える学習理論も異なる。このように指導力向上と密接に関係している授業研究について、数多くの研究および実践報告がある。

　一方で、授業者および参観者がどのような指導観で、どのような視点で授業研究の討議を進めているかの具体的な報告はあまりない。そこで、日本の学校の教師が授業研究で何をどのように指摘しあっているのか、何が授業研究会をめぐって問われているのか、そして、それが教師の指導観にどれほど影響しているのかについて考えてみよう。

　授業研究会を調査した先行研究として、桐生ら[7]の研究が挙げられる。桐生らは、授業研究会内での話し合いの内容を「教材」「教授」「学習者」3つの知識領域に分類したとき、参観者が意見を共有しやすい「教材」「教授」で活発な意交換がなされているが、「学習者」の学びを多様な見方で検討しあう話し合いとはなっていないと報告している。

　授業研究会は授業者の反省に始まり、討議が行われ指導者からの指導を経

るのが一般的である。前者の研究はこの討議の場面に視点があてられたものである。そこで著者らは、授業研究会の「授業者の反省」から、教師が抱く授業づくりについての考えを抽出し分析を試みた。授業研究会の「授業者の反省」は「教材」「教授」「学習者」のいずれかに力点をあてた反省なのかを検証するため授業に参観していない教師にそのプロトコル（授業の逐語記録）を読んでもらい評価させた。評価者である教師は、授業者の反省のうち、着目するプロトコル（授業の逐語記録）部分に下線を引き、これらを3つの知識領域に分類した。その結果、対象とした授業研究会における授業者の反省は「教授」「学習者」と比較して「教材」について語られない傾向にあることが分かった。

このように、授業研究会で行われる授業者の反省やその後の討議は教師の様々な指導観のもとで行われていることが多い。桐生らは、授業研究会で、意見交換を目的とした話し合いは成り立たず、「教材」「教授」について、理科教師として持ち合わせている共有されやすい知識領域で意見交換がされやすいことを指摘している。授業研究会を教材・教授・学習者という観点から評価すると、授業者の反省とその後の討議の力点が関係づけられていないなど授業研究会の実態を明らかにすることができる。

リトル（2009）は学校の改革を成功に導く決定的な要因が教師間のインタラクションにおける「同僚性と実験の規範」にあることを指摘している。「同

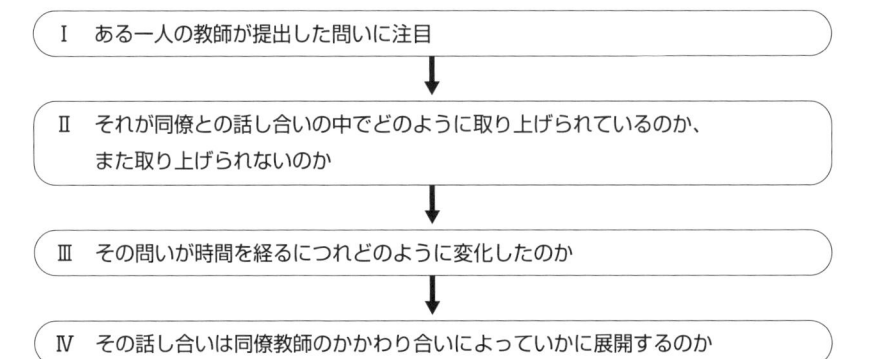

```
┌─────────────────────────────────────────────┐
│ Ⅰ　ある一人の教師が提出した問いに注目           │
└─────────────────────────────────────────────┘
                     ↓
┌─────────────────────────────────────────────┐
│ Ⅱ　それが同僚との話し合いの中でどのように取り上げられているのか、│
│ 　　また取り上げられないのか                     │
└─────────────────────────────────────────────┘
                     ↓
┌─────────────────────────────────────────────┐
│ Ⅲ　その問いが時間を経るにつれどのように変化したのか │
└─────────────────────────────────────────────┘
                     ↓
┌─────────────────────────────────────────────┐
│ Ⅳ　その話し合いは同僚教師のかかわり合いによっていかに展開するのか │
└─────────────────────────────────────────────┘
```

図 1.22　リトルの分析的枠組

僚性と実験の規範」の場のひとつとして授業研究会を挙げることができる。授業研究会では、この「同僚性」の観点から教師の価値観がどのように取りあげられていくのか、リトルの分析的枠組みの視点から授業研究会の評価を行うとよい。

4.3 発問と間をめぐる教師の成長

次に、教師の成長を教師の発問と間という観点から具体的にとらえたい。海保は[8]、授業において教師が行っていることのほとんどは説明することであるとしている。教師は、問いを発した後ばかりではなく、このような説明の中でも「間」を意識して説明している。そこで、熟達者と初心者ではこの間にどれほどの違いが現れるのかを検証し教師の成長について考察する。

平成 20 年度に改訂された中学校学習指導要領解説理科編の第 3 学年「地球と宇宙」では、「季節によって見える星座が異なり見える方角も異なる」と示されている。これを中学生にとらえさせるために、図 1.23 のように、

図 1.23　太陽を中心に配置された 4 つの季節の地球と四季を代表する星座の説明をする教師

光源を太陽モデルとして中心に据えた周囲の4方位に、春夏秋冬の4つの代表的な季節の地球の位置を示す地球儀を置き、さらにその外側にそれぞれの季節の代表的な星座を配置した。この授業では、4つの代表的な季節の各時刻、各方位に見える星座を教師が説明していくという指導過程がとられる。

教師によって、太陽を中心に配置された4つの季節の地球と四季を代表する星座が教室に配置され、地球の公転により季節が変化することで見える星座が異なることが説明される。一定の時刻で、ある方角に見える星座は季節によって異なることを、教師の説明を通して子どもにとらえさせようとする授業が中心となる。

教師は、教室全体をひとつの宇宙空間に見立て、春夏秋冬のそれぞれの公転上の位置から、「日の出前」「正午」「日の入り後」「真夜中」に見える星座をとらえられるように説明する。中学校第3学年「地球と宇宙」の中で理解することが難しいとされるのが、この地球の公転による星座の見え方の学習である。その理由として、地球の自転と公転の向きをはじめ、地球と太陽の位置関係から日の出や日の入りの地球上の位置を推測し、観察できる星座を視点を移動させて子どもにとらえさせなければならないことが挙げられる。特に、左右上下、前後、角度、方位、回転、対称などを頭の中で心的に視点移動させ理解を図ることが中学生にとって困難なのである。

では、この授業で行われる教師の説明は、熟達者と初心者ではどのように異なるのであろうか。教師の成長をその発問と間の観点から分析した。教師が行う説明時の「間」の時間を、VTR録画およびICレコーダで記録したデータを用いて分析した。

授業は、図1.24のように2人の教師が3クラスの授業を別々に担当するという形で進めた。教師aは授業経験の少ない初任者の教師、教師bは教壇に立って25年になる熟達者の教師である。教師aはA組およびC組の授業を担当し、教師bはB組の授業を担当した。また、授業者でない場合は、授業に参観することとし相互に授業観察を行った。図1.24は教師相互の授業実施の関係をも示している。

授業は、A、B、Cの3クラスともに同様の教材、理科学習指導案のもとで行い、3クラスとも「季節によって見える星座が異なり、見える方角も

```
┌─────────────────────────────┐
│ 教師a（初任者）によるA組の授業  │
│ （教師bは教師aの授業を参観する）│
└─────────────────────────────┘
              ↓
┌─────────────────────────────┐
│ 教師b（熟達者）によるB組の授業  │
│ （教師aは教師bの授業を参観する）│
└─────────────────────────────┘
              ↓
┌─────────────────────────────┐
│ 教師a（初任者）によるC組の授業  │
│ （教師bは教師aの授業を参観する）│
└─────────────────────────────┘
```

図1.24　授業者相互の関係

図1.25　熟達者による授業

異なる」ことを授業のはじめに示し、そのことをそれぞれの季節を例示しながら説明する展開とした。

　教師の説明では、「真夜中」の時刻の他に、「日の出前」の時刻と「日の入り後」の時刻を取り扱い授業を行った。説明は図1.26の通りに進行した。

　この授業の最後に、質問紙を用いた調査を子どもに実施し、授業直後には事例面接による調査を実施し、理解の実態を調査した。

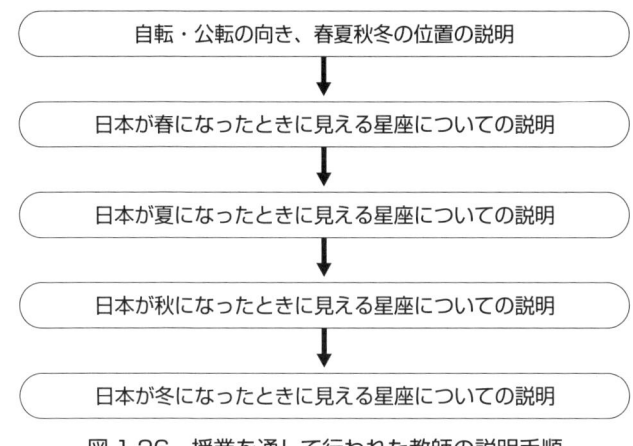

```
┌─────────────────────────────────────┐
│ 自転・公転の向き、春夏秋冬の位置の説明 │
└─────────────────────────────────────┘
                    ↓
┌─────────────────────────────────────┐
│ 日本が春になったときに見える星座についての説明 │
└─────────────────────────────────────┘
                    ↓
┌─────────────────────────────────────┐
│ 日本が夏になったときに見える星座についての説明 │
└─────────────────────────────────────┘
                    ↓
┌─────────────────────────────────────┐
│ 日本が秋になったときに見える星座についての説明 │
└─────────────────────────────────────┘
                    ↓
┌─────────────────────────────────────┐
│ 日本が冬になったときに見える星座についての説明 │
└─────────────────────────────────────┘
```

図1.26 授業を通して行われた教師の説明手順

まず、初任者である教師がA、C組2クラスの授業を経験することで、中学生に与える影響を調べた。そこで、学習を終えた両クラスの中学生に、夏日の入り後南の空に見える星座を質問した。（なお、あらかじめ学校の授業以外でこれらのことを学んでいた中学生は調査の対象から除外した。）中学生に調査した問いは以下の通りである。

問　日本が夏の位置にあるときに、日の入り後に南の空に見える星座は何座ですか

この問いに答えるためには、次の3つの下位概念が獲得できていることが前提となる。

下位概念1：太陽を中心に配置された4つの地球から、さそり座が夏の真夜中に南中する星座であることを認識できる。
下位概念2：太陽との位置関係から地球上で「日の出前」「日の入り後」「真夜中」の位置を判断できる。
下位概念3：「日の入り後」の位置に立っている自分をイメージし4方位を決定できる。

この問いに対する初任者が担当したA、Cの2クラスの質問紙による調査結果は表1.17の通りとなった。

表1.17 初任者が担当した各クラスの正答者数・誤答者数の比較

クラス	A	C
解答できた	2	8
解答できない	13	6

$p=0.0209\ (p<.05)$

AクラスとCクラスの正答者数に有意差が生じている。これは、後半に行ったC組のほうが正答者数が増え、初任者である教師が自らの経験や熟達者の授業を参観して授業を変容させることが子どもに影響を与えた具体的な例と言えよう。

さらに、授業を終えて、事例面接による調査を子どもを抽出して実施した。事例面接では「夏の日の入り後南に見える星座」について質問し、この問題を解決するために、子どもがたどる下位概念の解決にどれほどの時間が必要となるのかを調べた。事例面接で、問いに正答できた子どものみを抽出し、その子どもに、下位概念1から3について、理解できているのか教師が問い、その問いに対して正く回答できるまでの時間を、面接時の子どもの目線、動作や答えるまでの時間、その他の様子から計測した。表1.18は、それぞれ

表1.18 下位概念を回答するまでに子どもが要する時間

	下位概念1	下位概念2	下位概念3
子どもA	5	7	2
子どもB	3	9	2
子どもC	7	2	1
子どもD	8	5	2
子どもE	9	13	2
子どもF	5	9	3
平均	6.2	7.5	2

単位は秒

の下位概念の回答までに必要とした時間（秒）を示している。その結果、子どもは、下位概念2に解決のための時間を最も要し、次いで下位概念1、最後に下位概念3となった。子どもは星座の年周運動の問題解決に際して下位概念2の解決に最も時間を必要としたのである。

では、ABCクラスの授業それぞれで、3つの下位概念を説明するために、教師はどの程度時間を割いていたのであろうか。3クラスの各下位概念を説明する教師の総発話時間を表1.19に示す。

表1.19　教師が下位概念の説明に要した総発話時間

クラス	A	B	C
下位概念1	58	28	20
下位概念2	152	105	225
下位概念3	280	24	174

単位は秒

教師によって、各下位概念を説明する総発話時間に差があり、クラスごとに説明に時間を割いた下位概念が異なることが分かる。熟達者である教師Bは、説明に要する時間が短いが初任者であるAとCの授業においては、説明に要する時間が前者に比べて長い。初任者の教師は、AとCクラスでは、後半のCクラスにおいて下位概念2に重点を置いた指導へとその方法を転換させたことが分かる。

次に、教師が各下位概念を説明する際、次の発話までの「間」をICレコーダに記録されていた発話プロトコルを用いて分析した。まず、3クラスの下位概念ごとの次の発話プロトコルに至るまでの「間」の総合計時間を表1.20

表1.20　教師の3下位概念での次の発話までの「間」の総時間

クラス	A	B	C
下位概念1	15	8	5
下位概念2	54	16	70
下位概念3	75	5	50

単位は秒

に示す。

表1.20の値を発話回数で割り、次の発話に至るまでの「間」の平均を表1.21に示す。

表1.21 教師の3下位概念での次の発話までの「間」の平均時間

クラス	A	B	C	平均
懸念概念1	2.4	2.3	2.5	2.3
懸念概念2	3.3	2.6	3.0	3.0
懸念概念3	2.1	2.5	2.3	2.3

単位は秒

教師が説明を行う際は、下位概念2を扱った時、間が大きかったことが分かる。これは無意識に行われた行為であるかもしれないが、熟達者と初任者の指導観の一致ととらえると注目に値する。

4.4 説明の公準をめぐる教師の成長

授業で行われる教師の説明は、本来、先生から子どもへの情報の一方的な流れではなく相互作用的なものである。つまり、説明する教師とその受け手である子どもがつくり出す場としての教室において、子どもの反応は教師の説明を変えるきっかけになる。また、教師と子どもの役割が入れ替わるような説明の場を生み出すことさえある。このように教室がつくり出す場を無視すると説明は独善的で効果のないものになってしまう。

グライスは、会話の場で人々が暗黙のうちに守っている4つの公準を次のように指摘している。①適度の情報量としての公準：一度に話す内容は多すぎても少なすぎてもよくない。相手が知らないことは詳しく、相手が知っていることは少なく話す。②一貫性：会話の内容は意味的に一貫している。会話の流れを変えるときはことわりを入れる。③話題の真実性：話している内容には嘘はない。④明瞭性：簡潔にはっきりと話す。これは、日常会話の

「場」でお互いが守っている公準である[9]。授業における説明とは、教師が語る力を発揮する場である。当然のことながら、この会話の公準の考えは、教室の会話つまり教師の説明においても適応される。

そこで、前述の授業において、新任の教師が授業経験や他の教師の授業参観を通して説明をいかに変容させるのかその変容を検証した。

先の授業を終えた中学生に、図 1.27 の通り、授業を終えて質問紙による調査を行うと「日の出前」「日の入り後」の時間帯をとらえられた中学生は、いずれも2割に満たないことが明らかとなった。

授業後もこの時間帯を「真夜中」ととらえてしまう中学生が多く存在したのである。このことから、教師の「日の出前」「日の入り後」についての説明を徹底的に抽出し調査した。その結果、授業経験の少ない初任者の教師は、「日の出」「明け方」「日の出前」の用語を混同して説明の中で用い、「日の入り」「夕方」「日の入り後」の用語を混同して説明の中で用いていたのである[10]。説明の公準の観点から、初任者である教師は、会話の内容等を意味的に一貫させて子どもに示していないということが明らかとなったのである。このような視点から教師の成長を検証することも重要な意味を持つ。

(1)「日の出」の時刻は、次のうちどれと同じ時刻ですか。1つ選んで○をつけてください。 　　　　　　明け方　・　昼　・　夕方　・　真夜中
(2)「日の出前」の時刻は、次のうちどれと同じ時刻ですか。1つ選んで○をつけてください。 　　　　　　明け方　・　昼　・　夕方　・　真夜中
(3)「日の入り」の時刻は、次のうちどれと同じ時刻ですか。1つ選んで○をつけてください。 　　　　　　明け方　・　昼　・　夕方　・　真夜中
(4)「日の入り後」の時刻は、次のうちどれと同じ時刻ですか。1つ選んで○をつけてください。 　　　　　　明け方　・　昼　・　夕方　・　真夜中

図 1.27　質問紙による調査で用いた問題

【引用文献】

1) 文部科学省『学習指導要領等の改善について答申　中央教育審議会答申』，2008.
2) 文部科学省『小学校学習指導要領解説理科編』，2008.
3) R. K., ソーヤー原編・森敏昭・秋田喜代美監訳『学習科学ハンドブック』，培風館，2009.
4) Bransford, J. D., Sherwood, R. D., Hasselbring, T. S., Kinzer, C. K. & Williams, S. M., Anchored instruction：Why we need it and how technology can help. In D. Nix & R. Spiro(Eds.), 1990.
5) 例えば Fishman, B. J., Davis, E. A., *The Cambridge Handbook of the Learning Science.*
6) Feiman-Nemser, S. (2001), From preparation to practice：Designing a continuum to strengthen and sustain teaching, *Teachers College Record*, **103** (6), 1013-1055.
7) 桐生徹・久保田善彦・水落芳明・西川純「学校現場における授業研究での理科授業検討会の研究」，理科教育学研究，Vol. 49, No. 3, 2009.
8) 海保博之『説明を授業に生かす先生』，図書文化社，p. 4, 1993.
9) 前掲書 8)
10) 益田裕充・高橋愛夢「教師による説明の公準の実態と授業経験による変容－「日の出前」「日の入り後」の扱いを中心に－」，臨床教科教育学研究，2010.

第2部

子どもの「すごい！」を引き出す理科授業
―実　践　編―

第 1 章　よりよい理科授業の作り方

1.1　子どもの「すごい！」を引き出す手作り理科授業の工夫

1.1.1　教師が「楽しい」「ウキウキする」と感じる理科授業の工夫

　いわゆる「理科嫌い・理科離れ」が中学生、高校生の段階で急増するという我が国の大きな教育課題がある。そのためにも、身近な自然事象についての観察、実験を通して、発見を楽しんだり、考えたりし、それを生活に取り入れようとするなどの自然科学の楽しさを小学校段階から計画的にはぐくんでいくことが必要である。

　ところで、小学校の先生方は理科授業が得意なのであろうか。独立行政法人科学技術振興機構（JST）理科教育支援センターと国立教育政策研究所が共同で、2008年度に公立小学校の教職5年未満の小学校学級担任500人を対象に調査を実施している。その結果によると、理科が「好き」と回答した教師は91％、一方、理科の指導を「得意」と回答した教師は0％、「やや得意」と回答した教師は36％であったことが報告されている。つまり、小学校教師は理科は嫌いではないが、児童への指導は得意ではないという実態が明らかになったのある。

　元々、理科があまり得意ではなかった先生方も小学校には多くいることと思う。そうした先生方が 教科書に掲載されている観察や実験をそのまま指導しなければいけないと思えば、やはり理科指導もあまり得意ではないとなってしまうのかもしれない。

　教える教師自身が「楽しい」「ウキウキする」と感じる理科授業でなかったら、子どもたちに自然事象の楽しさや不思議さを伝えていくことはできないのではないだろうか。

　話は変わるが、私のゼミの学生は、地域の自然環境を生かした理科教材開発の研究を進めている。あるとき、学生と地域の地層観察に出かけていた。山道を歩いていると、貝化石が1つ2つと見つかり、さらに調べていくと、

数多くの種類を含んだ貝化石の密集した地層に出くわしたのである。学生のみならず、私までもが「ウキウキ」状態であった。この指導者自身の「楽しい」「ウキウキする」という実体験を通してこそ、子どもたちにもその感動を伝えることができ、子どもたちを理科大好きにしていく理科授業を作っていくことができるものと確信している。

　そのため、私は、小学校の教師をめざす学生に対して、学生自身に身近な自然事象から「楽しい」「ウキウキする」と思える新たな発見をさせている。その上で、発見した自然事象の内容を、手作りの観察や実験器具等を工夫させ、思考力や表現力を伸ばし、自然大好きな子どもをはぐくむための理科授業の計画をさせ、模擬授業を通して、実践的に理科指導力を培っている。

1.1.2　子どもの「すごい！」を引き出す理科授業

　私自身多くの理科授業を行い、多くの先生方の理科授業を参観させてもらってきた。その中で、子どもたちにとってすばらしいと思える理科授業に遭遇することがある。そうした授業に共通したことは、子どもたちから「すごい、すごい！」というつぶやきの声がたくさん聞こえてくることである。子どもたちは自然事象に感動をし、その不思議さが何故起こったのかなど、真剣に考えているのである。

　この「すごい！」という声は、何も小学生だけに限ったことではない。中学生や高校生も同じである。そして、大学生の模擬授業の中でも、児童役として出すのではなく、本来の大学生としても「すごい！」という声を出すのである。

　多くの子どもたちから、この「すごい！」の声を引き出すためにも、先ずは、教師自身が自然事象の中から新たな発見をし、自分自身が「楽しい」「ウキウキする」理科授業の教材を準備していくことこそ、自然大好きな子どもを育てる理科授業を構築していくことができるものと考えている[1]。

　学生の模擬授業を実施した後の感想文の中に、「私は、中学校、高等学校と理科は大嫌いでしたが、この授業を通して、実際に自分で自然事象を発見したり、それを小学校の授業に計画・実施したり、他の人の模擬授業を児童役として受けている間に、理科が好きになってきました。そして、小学校の

先生に是非なって、たくさんの観察・実験を子どもたちに指導していきたい。」という文面をよく見かける。

　小学校高学年、中学校、高等学校時代とあまり理科が好きでなかった先生方も、今からでも十分なので、この大自然の中で1つでいいので、先生ご自身の発見をしてみていただきたい。1つ発見ができれば、その自然事象について子どもたちに、工夫を凝らし心を込めた理科指導をしていくことができるものと考える。

　現職の先生方、普段の生活の中や街を歩いている中で、まずは「これは何だろう？」「どうしてだろう？」など、自然事象に対して不思議さを常にもっていてもらうことが必要である。その上で、書籍やインターネットで概要を調べ、自分自身で直接自然界の中で確かめてみることである。すると、次には、先生ご自身が「すごい！」「面白い！」「分かった！」とつながっていくであろう。そして、次にはどのように子どもたちにその面白さを伝えていけるのだろうか、どうすればその学習を通して、思考力や表現力を伸ばしていけるのだろうかと授業を計画していけばよいのである。これからも先生方と共に、自然大好きな子どもをはぐくんでいきたい。

1.2　理科授業における PDCA サイクル

　教師自身が発見や感動した楽しくウキウキするような自然事象（素材）を、どうやったら子どもたちに伝えていけるかとじっくり考え、観察・実験の方法を工夫し、ワークシートを工夫し、授業の準備をしていくことが必要である。私が常に学生に言っているのは、1時間の授業の中に必ず自然事象と触れ合える場面（観察・実験など）を入れてほしいということである。そして、教師の手作りの教材・教具を工夫するということである。特に、小学校の理科授業では、実物に触れなければ教育効果は激減してしまう。また、市販の実験キットなどお金をかけずに、教師の手作りの教材・教具の方が児童には親しみやすいのである[1]。

　ところで、理科の日々の授業を作っていくためには、教師が授業を計画

(Plan) し、実施 (Do) し、その授業の計画や実施を評価 (Check) し、次の授業のために改善 (Action) していくことが重要である。次にその流れ (図2.1) に沿って説明をする。

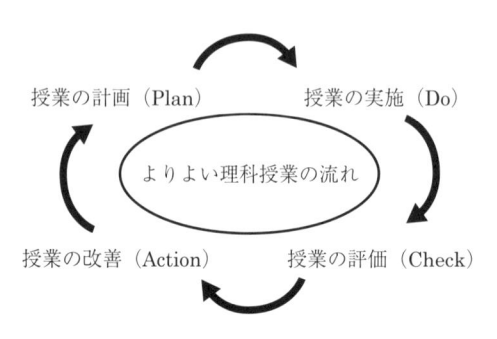

図 2.1　理科授業における PDCA サイクル

1.2.1　授業の計画 (Plan)

① **(授業の構想段階)**：児童・生徒に学習指導する単元内容について、何の目的で、どのように児童・生徒に指導していこうとするのか、授業の構想を明確にする。必要なことは、その学習を通して、どのような子どもを育てたいのかと指導者 (教師) が明確にもっていることである。

② **(教材・教具の準備段階)**：授業の構想 (授業の目標) を達成させることのできる教材・教具 (ワークシートなどのプリントなども含む) を考え、準備する。

　＜教材で考えてほしいこと・・・＞
　〇児童・生徒にとって身近な自然事象であってほしいと思う。
　〇教室内だけでなく、児童・生徒が直接、見て、触れ、確かめられる教材であってほしいと思う。
　〇教材や教具はなるべく教師の手作りがよいと思う。その方が児童・生徒には親しみやすくなる。

③ **(学習指導計画作成の段階)**：学習単元全体の授業計画と、授業で実施する時間分 (例えば45分間分) の授業細案を作成する。なお、学習指導計画とは授業の設計図である思う。他の教師が見て授業を再現できるように

記入しておくことが大切である。

＜学習指導計画で考えてほしいこと・・・＞
○小・中学校の理科授業の中には、観察や実験など、直接児童・生徒が確かめられる体験の場面を必ず入れることが重要である。

④ **(授業の最終準備段階)**：学習指導計画、教材、ワークシート（児童・生徒に配布するプリントには学習していない漢字などが使われていないか十分に点検する。）などの印刷を行う。また、観察・実験の最終準備を行う。

実験・観察に用いる材料などは、学級の児童・生徒全員分もしくは班分が揃えられればよいのだが、無理な場合には、教師の演示実験や観察だけということもあり得ると思う。とにかく、学習指導に用いる教材・教具などは、自然の中や児童・生徒の日常生活の中にあるものを考えたり、教師が自作したりした方がより教育効果が出てくるものである。

1.2.2　授業の実施（Do）・評価（Check）・改善（Action）

⑤ **(授業の実施段階)**：授業を実施する。実施の場面では、学習指導計画通りにならないことの方が多くある。児童・生徒の学習の様子に合わせて進行していくことが大切である。

⑥ **(授業の評価段階)**：児童・生徒の授業中（観察・実験）の様子、ワークシートへの記述内容、児童・生徒の学習自己評価、テストなどを総合して、授業全体を評価する。校長先生や他の先生方にも積極的に、自分の理科授業の様子を観察してもらい、助言をもらうことは授業を評価する上でも大変に有意義だと思う。

⑦ **(授業の改善段階)**：授業の評価を受け、学習指導計画、教材、教具、ワークシートなどの改善を行い、次回の授業のための準備（行動）、つまり、改善を行う。

1.3 理科授業における到達目標の明確化

1.3.1 観点別到達目標を立てる

　理科授業を計画していく上で最も重要なことは、第2部第1章の1.2.1でも述べた通り、児童・生徒に学習指導する単元内容について、何の目的で、どのように児童・生徒に指導していこうとするのか、授業の構想を明確にすることである。必要なことは、その学習を通して、どのような児童・生徒を育てたいのかと指導者（教師）が明確にもっていることである。

　そのためにも、理科としての到達目標を明確にもつことが必要である。つまり、小学校の理科の目標、中学校の理科の目標、学年としての目標、学習単元としての目標を明確にもつことが必要である。その上で、さらに、各単元の学習を通してどのような力をはぐくんでいくのか、具体的な「観点別到達目標」を立てていくことが重要である。

　では、どのような観点で到達目標を立てていけばよいのだろうか。表2.1は、梶田（1978）[2]が目標類型と目標領域の観点から代表的目標例を分類したものである。

　表2.1を見ると、認知的領域には「知識・理解」と「思考・判断」があり、情意的領域には「関心・意欲」と「態度」があり、精神運動的領域には「技能・表現」がある。これらすべての観点を含めて学力ととらえることができる。

　次に、学習指導計画を作成するに当たり、学習指導の到達目標の表し方を

表2.1　目標類型と目標領域の観点からの代表的目標例の分類（梶田、1978より）

	達成目標	向上目標	体験目標
認知的領域	知識、理解等 （知識・理解）	論知的思考力、創造性等 （思考・判断）	発見等
情意的領域	興味、関心等 （関心・意欲）	態度、価値観、倫理観等 （態度）	触れ合い、感動等
精神運動的領域	技能、技術等 （技能・表現）	練達等	技術的達成等

考えておくことにする。
【学習単元のねらい】：この理科授業の学習単元の終わりに、子どもにできるようになってもらいたい行動や状態を明確にする。学習指導要領[3],[4] や同解説理科編[5],[6] などを参考に記述していくことが重要である。
【関心・意欲・態度】、【思考・判断】、【技能・表現】、【知識・理解】：これらの観点別到達目標を記述する際に、以下のことに留意すると、授業のねらいが一層明確化するとともに、子どもの学習評価、そして、授業そのものの評価もしやすくなる[7],[8]。
①授業の終わり（この単元、この授業時間）に、子どもにできるようになってもらいたい行動や状態を、観点別に、学習者を主語にして、「○○できる」という形式で明確に記述するとよいと考える。こうした書き方をする目標は「行動目標」と呼ばれている。
②観点別到達目標を表すときには、観点別の「行為動詞」を用いて、できるだけ観察可能な行動で表現する。行為動詞については、1.3.2 で詳述する。
③観点別到達目標を表すときには、観点別にできるだけ短文で表現すると、ねらいが一層明確になる。

1.3.2 観点別到達目標を表す行為動詞

(1) 行動目標とは

観点別到達目標を表す際には、「行動目標」で表すとよいと述べたが、ここで、行動目標について、簡単に整理しておく。

(2) 行為動詞の例

①行動目標とは、「学習後に達成される学習成果としての行動」を意味する。
②授業の教育目標は、到達目標と呼ばれ、行動目標で記述するとよい。
③行動目標は、学習者を主語にして、「○○できる」という形式で明確に記述し、「行為動詞」で表現する。

行動目標は、学習者を主語に、行為動詞を用いて「○○することができる」という形式で表現するが、「○○する」という行為動詞にはどのようなもの

があるのか、次に示すことにする。

(ア) 一般目標に主に用いられる行為動詞の例；「学習単元のねらい」などを書くときに有効である。

> 知る　認識する　理解する　判断する　適用する　価値を認める　感じる　考察する　使用する　実施する　評価する　位置づける　示す　創造する　身に付ける　など

(イ) 認知的領域（「知識・理解」「思考・判断」）の観点別到達目標を表す行為動詞の例；

> 列記する　列挙する　（意見・見解を）述べる　説明する
> 分類する　比較する　例を挙げる　類別する　関係づける
> 解釈する　予測する　選択する　同定する　推論する
> 公式化する　一般化する　使用する　応用する　適用する
> 演繹する　批判する　評価する　暗唱する　など

(ウ) 情意的領域（「関心・意欲」「態度」）の観点別到達目標を表す行為動詞の例；

> 尋ねる　助ける　討議する　感じる　寄与する　強調する
> （興味・関心・態度を）示す　見せる　（感情を）表現する
> 参加する　反応する　応える　配慮する　相談する
> 受容する　協力する　など

(エ) 精神運動的領域（「技能」「表現」）の観点別到達目標を表す行為動詞の例；

> 模倣する　工夫する　実施する　行う　創造する　操作する
> 動かす　調べる　準備する　測定する　調整する　配合する
> 描く　運転する　修理する　防ぐ　削る　切る
> （技術を）身につける　話す　聞く　書く　読む　など

【観点別到達目標の練習問題】

Aさんは、理科授業の学習指導計画を作成する際に、観点別到達目標を次のように記述しました。

「子どもたちに顕微鏡を使うコツをつかませる。」

Aさんの観点別到達目標としての記述はどこが変ですか。また、どのように直せばよいと思いますか。

＜回答＞：「子どもたちが・・・・○○することができる。」という、まず、学習者が主語になっていないことです。そして、行動目標になっていないことです。Aさんが記述した、「子どもたちに顕微鏡を使うコツをつかませる。」では、コツというのが明確でなく、教師にとっても具体的な評価ができない記述になっています。

そこで、子どもを主語にした、行動目標で書き換える必要があります。例えば、

①学習者が、横から見ながら調節ネジを回し、プレパラートとステージをできるだけ近づけることができる。

②学習者が、接眼レンズをのぞきながら、プレパラートと対物レンズを遠ざけ、ピントを合わせることができる。

このような記述の仕方であれば、具体的にできているか、できていないかを見れば、指導も適切に行えることになります。

【引用文献】

1) 宮下　治『実践 理科教育法－子どもの「すごい！」を引き出す手作り授業－』, 関東学院大学出版会, 2010.
2) 梶田叡一『教育評価』, 有斐閣双書, pp. 80-83, 1978.
3) 文部科学省『小学校学習指導要領』, 2008a.
4) 文部科学省『中学校学習指導要領』, 2008b.
5) 文部科学省『小学校学習指導要領解説理科編』, 2008c.
6) 文部科学省『中学校学習指導要領解説理科編』, 2008d.

7) 西之園晴夫『コンピュータによる授業設計と評価』,東京書籍,1986.
8) 西之園晴夫『多人数教育における実践知創造科目開発の方法論』,有斐閣,2002.

第2章　教師をめざす大学生がつくる理科授業

　本章は、教師をめざす大学生が考え、手作りの観察器具や実験器具等の工夫を通して自然大好きな子どもをはぐくむための理科授業の事例を紹介する。ここでは、5年生、6年生で学ぶ「A物質・エネルギー」と「B生命・地球」の区分からそれぞれ2事例ずつ紹介する。学生一人ひとりが真剣に考え工夫した理科授業であるが、課題も残っている。各事例には、授業後のリフレクション（振り返り）を行い、授業者としての教育への効果と課題についても検討を加えている。読者の方が、それぞれの授業についてのよい点と改善するべき点を考えながら読んでいただくなど、小・中学校で理科を直接指導されている先生方や教師をめざしている学生の方々にとって、これからの理科授業を計画・実施していく際の一助としていただければ幸いである。

2.1　5年生理科授業の工夫－振り子の運動－

2.1.1　学習指導計画

　　　　　　　　　　　　　　　　授業者：M大学　Hさん・Yさん

（1）領域名　　第5学年　A　物質・エネルギー
（2）単元名　　振り子の運動
（3）単元の学習指導目標（ねらい）
　　おもりを使い、おもりの重さや糸の長さなどを変えて振り子の動く様子を調べ、振り子の運動の規則性について認識することができる。
　【関心・意欲・態度】
　・おもりの働きに興味・関心をもって意欲的に追究することができる。
　・同じ班の友達と協力して、できるだけ正確に実験を行なうことができる。

【科学的思考】
・振り子が1往復する時間の違いを、糸の長さ、おもりの重さ、振れ幅と関係づけながら考え、予想を立てたり、結果を考察したりして、振り子が1往復する時間の規則性について考えることができる。

【観察・実験の技能・表現】
・振り子の規則性を調べる工夫をし、安全で計画的に実験を行うことができる。
・回数を重ねて実験を行い、振り子の規則性を調べ、定量的に記録し、実験結果の数値を表やグラフに表現して、結果を分析的にとらえることができる。

【知識・理解】
・振り子のおもりの重さや振れ幅を変えて、おもりの働きを調べることを通して、振り子が1往復する時間は、支点からおもりまでの距離によって変わることが理解できる。

(4) 実験の内容
(ア) 使用するもの：ストップウォッチ、ペットボトル、割り箸、糸、おもり
(イ) 実験1の内容：おもりの重さを変えて、振り子が1往復する時間を調べる。
　　　実験2の内容：振れ幅を変えて、振り子が1往復する時間を調べる。
　　　実験3の内容：糸の長さを変えて、振り子が1往復する時間を調べる。

(5) 単元の学習指導計画（全4時間）
第1時：身近で振り子を使っているものを考えてみよう
第2時：振り子が1往復する時間にはどのようなきまりがあるのか調べてみよう（実験1）。
第3時：振り子が1往復する時間にはどのようなきまりがあるのか調べてみよう（実験2・3）。【本時】
第4時：1秒振り子を作ろう（振り子の1往復する時間を測定しながら、1秒振り子を作る）。

（6）本時の学習指導計画

（ア）本時の学習指導目標

・振り子を使って実験を行い、その結果から考察することにより、振り子の規則性に気づき、理解することができる。

（イ）本時の展開

時間	教師の活動	児童の活動	備考（評価など）
0分	はじめ（礼）	はじめ（礼）	
	前時の実験1の結果を振り返り、本時の実験2と3について知ろう		
	・おもりの重さを変えた場合の実験結果を問う ・本時は、振れ幅を変えて行なう実験2と、糸の長さを変えて行なう実験3の2つを行うことを説明する ・ワークシートを配布する ・実験の予想を考えさせる ・予想を発表させる	・実験1の結果を発表する ・実験2と3の説明を聞き、これから行なう実験の予想を考え、ワークシートに記入する ・予想した考えを発表する	・実験1の結果を黒板に貼る ・実験の予想を考えることができたか
10分	【実験2】振れ幅を変えて、振り子が1往復する時間を調べよう		
	・振れ幅を変える際の注意点を伝える ・実験道具を配る ・実験の開始を指示する ・机間指導を行なう ・実験結果を班ごとに発表させる	・実験上の注意点を聞く ・実験の準備を行なう ・振れ幅を変えて実験を行なう ・実験結果をワークシートに記入する ・実験結果を班ごとに発表する	・振れ幅は20°と40°とする ・適切に計測ができているか ・振れ幅と振り子が1往復する時間との関係に気づくことができたか
25分	【実験3】糸の長さを変えて、振り子が1往復する時間を調べよう		
	・糸の長さを変える際の注意点を伝える ・実験の開始を指示する ・机間指導を行なう ・実験結果を班ごとに発表させる	・実験上の注意点を聞く ・糸の長さを変えて実験を行なう ・実験結果をワークシートに記入する ・実験結果を班ごとに発表する	・長さは30cmと60cmとする ・適切に計測ができているか ・糸の長さと振り子が1往復する時間との関係に気づくことができたか
40分	実験1～3をまとめて、振り子の運動のきまりを考えよう		

| 45分 | ・ワークシートに３つの実験結果のまとめを記入させる
・自己評価欄を記入させる
終わり（礼） | ・３つの実験結果のまとめをワークシートに記入する
・自己評価欄を記入する
終わり（礼） | ・振り子が１往復する時間は糸の長さによって変わることが理解できたか |

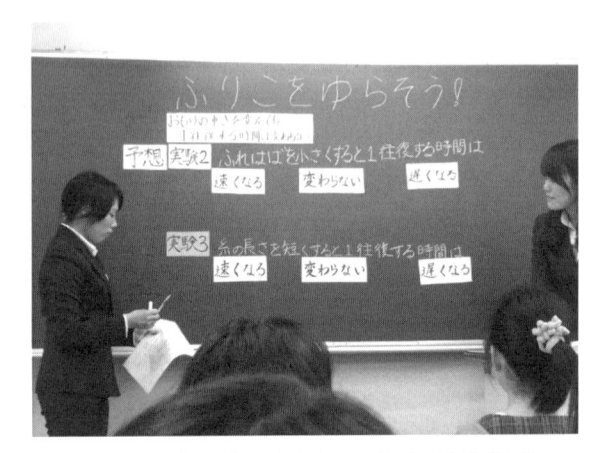

図2.2　学生が行った振り子の運動の授業風景

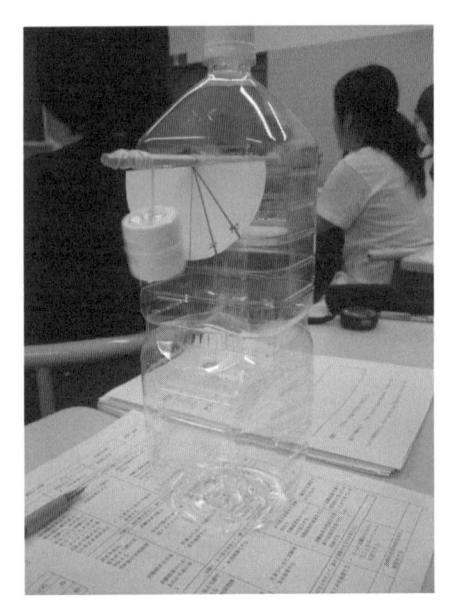

図2.3　授業者手作りの振り子運動の実験器具

○○市立○○小学校　理科　ワークシート

ふりこをゆらそう！

5年 4組 名前（　　　　　　　）

実験1の結果

> おもりの重さを変えても1往復する時間は(　　　　　)。

予想してみましょう。
　（　）の中から一つを選んで○で囲んでみましょう。

●実験2
ふれはばを小さく（大きく）すると1往復する時間はどうなるでしょうか。

小さくすると1往復する時間は（速くなる・変わらない・遅くなる）。
（理由）

大きくすると1往復する時間は（速くなる・変わらない・遅くなる）。
（理由）

●実験3
糸の長さを短く（長く）すると1往復する時間はどうなるでしょうか。

短くすると1往復する時間は（速くなる・変わらない・遅くなる）。
（理由）

長くすると1往復する時間は（速くなる・変わらない・遅くなる）。
（理由）

実験をしてみましょう。

●実験2

	ふりこが1往復する時間（秒）					
	1回目	2回目	3回目	4回目	5回目	平均
ふれはば20度	秒	秒	秒	秒	秒	秒
ふれはば40度	秒	秒	秒	秒	秒	秒

●実験3

	ふりこが1往復する時間（秒）					
	1回目	2回目	3回目	4回目	5回目	平均
長さ30cm	秒	秒	秒	秒	秒	秒
長さ60cm	秒	秒	秒	秒	秒	秒

※ふりこが1往復する時間(秒)=ふりこが10往復する時間(秒)÷10

●時間が余ったら、他の角度や長さでも実験してみましょう。

	ふりこが1往復する時間（秒）					
	1回目	2回目	3回目	4回目	5回目	平均
ふれはば　度	秒	秒	秒	秒	秒	秒
長さ　cm	秒	秒	秒	秒	秒	秒

まとめ

感想　　（　）の中から一つを選んで○で囲んでみましょう。

・協力して実験ができた　　　　（できた・まぁできた・あまりできなかった・できなかった）

・ふりこの規則性がわかった　　（できた・まぁできた・あまりできなかった・できなかった）

図2.4　授業に用いたワークシート

2.1.2 授業者の振り返りと思考力、判断力、表現力の育成へのつながり

(1) 授業者の振り返り（リフレクション）

今回の授業では、ペットボトルと割り箸を使って実験器具を作りました。準備を始めるのが遅かったこともあり、すべての実験器具の作成に十分な時間をかけることができませんでした。そのため、糸の長さが微妙に違ってしまったり、割り箸が真ん中に刺さっていなかったりしたため、班によって実験結果に多少の差が生じてしまい、それが結果として表れてしまいました。このことを踏まえ、実験器具はより正確に改善すべきだと思いました。

今回の授業は、時間の関係で実験を多少縮めて行ったこともあるのですが、時間があれば、児童がさらに多くの実験を行うことができるように、もっと様々な長さの糸を用意するなどしてもよかったと思いました。このようなことを踏まえ、よりよい実験器具を作り準備を行うことで、よりよい理科授業へとなるのではないかと思いました。

また、今回の授業を通して、私は、授業単元である振り子運動について私自身がもっと調べておくことが必要だったと強く思いました。小学校でやる振り子運動だからといって教科書ばかり見て色々と考えていたのですが、教師として皆に教えるという立場ならば、もっと私自身が振り子について知っておかなければ教えることはできないのだなと思いました。教科書を見ただけの授業では、ただ単に教科書を教え込んでいることにしかならず、そこから子どもたちに何かを発見してもらうのはとても難しいと感じたのです。この授業実践を通して、教師は最低限の知識をもち、その上でさらに研究し、教師自身が実験を重ね、そこで得られた様々なことをどのように伝えていけばよいのか考えていくことが大切だと思いました。

(2) 思考力、判断力、表現力の育成へのつながり

この授業のねらいは、振り子が1往復する時間が、おもりの重さや触れ幅に関係なく、糸の長さによって変わることを実験を通して理解することである。

（ア）実験の工夫：授業者は、振り子の実験をさせる器具を、子どもの身近

にあるペットボトル、割り箸、そしておもりとしてキャップを用い、事前に学習班の分を用意した。まず、このこと自体がりっぱな授業の工夫点だと思う。子どもは教師の手作りの実験器具に大きな興味と関心をもち、次の実験への意欲も高められたと思う。手作りの器具のために、実験結果に誤差が生じることも十分に考えられるが、子どもたちに振り子の規則性をとらえさせるには何ら問題はないと考える。

（イ）ワークシートの工夫：理科授業で観察や実験を行わせる際に大切なことは、「比較させる」ことである。振り子の規則性を見出すこの実験は、正に比較を通してでなければ、思考し、判断して、真の規則性に到達をさせていくことはできない。こうした比較がしやすいように、ワークシートも表形式にするなど児童が記入しやすいように工夫がなされている。また、このワークシートは「予想」を重視している。予想をもたせて実験を行わせる、つまり、目的意識を明確にもたせるという点でも有効であると考える。なお、実験結果を書く欄の後に、他の班の発表結果なども記入する欄や実験1、2、3を通して気づいたことを書かせる欄が設けられていると一層よいワークシートになったものと思う。

以上、実験の工夫、ワークシートの工夫により、子どもの思考力、判断力は育成でき、実験結果を発表していくことにより、表現力も育成していけるものと考える。

2.2　5年生理科授業の工夫－植物（ドングリ）の発芽－

2.2.1　学習指導計画

授業者：K大学　Oさん・Kさん

(1)　領域名　　第5学年　B　生命・地球
(2)　単元名　　植物の発芽
(3)　単元の学習指導目標（ねらい）
　　　植物の発芽の様子を調べ、植物の発芽の条件についての考えをもつことができる。

【関心・意欲・態度】
・発芽し始めた種子を観察して、発芽の様子について関心をもつことができる。

【科学的思考】
・種子の中の様子や発芽について疑問をもつことができる。
・種子の発芽に必要な条件を考え、実験計画を立てることができる。

【観察・実験の技能・表現】
・種子の発芽には、水、空気、適当な温度が必要なことを実験で調べることができる。
・水、空気、適当な温度について、それぞれ比較する条件を変えながら実験を行なうことができる。

【知識・理解】
・植物は、種子の中の養分を基にして発芽することが理解できる。
・植物の発芽には、水、空気、適当な温度が関係していることが理解できる。

(4) 実験の内容
（ア）使用するもの：ドングリ、カッター、ヨウ素液、ビーカー、シャーレ、脱脂綿
（イ）実験1の内容：ドングリには水に浮くものと沈むものがあることを調べる。
　　　実験2の内容：ドングリの中身には発芽に必要な養分があるのかどうかを調べる。
　　　実験3の内容：水、空気、適当な温度の条件でドングリを発芽させてみる。

(5) 単元の学習指導計画（全10時間）
第1時：発芽し始めた種子を観察して、発芽の様子について関心をもち、種子の中の様子や発芽について疑問をもつ。
第2時：インゲンマメの種子の発芽に必要な条件を考え、実験計画を立てる。
第3・4時：インゲンマメの種子の発芽には、水、空気、適当な温度が必

第5時：実験の結果から、インゲンマメの種子の発芽には、水、空気、適当な温度が関係していることをとらえる。

第6時：発芽しかけたインゲンマメの種子の中を観察し、種子には葉や茎や根になるところと、子葉になるところがあり、それらが変化していくことをとらえる。

第7時：インゲンマメの子葉の働きを予想し、ヨウ素液を使って種子の中にはでんぷんがあることをとらえる。

第8時：インゲンマメの成長に伴い、しぼんできた子葉の様子を調べ、子葉の養分は発芽に使われていることをとらえる。

第9時：ドングリを発芽させることができるのか考え、学んだことをもとに実験で調べる。【本時】

第10時：ドングリの発芽の結果を発表し、ドングリの発芽には、水、空気、適当な温度が必要なことをとらえる。

(6) 本時の学習指導計画

(ア) 本時の学習指導目標

・ドングリの中身には発芽に必要な養分があることを理解し、水、空気、適当な温度の条件を用いればドングリを発芽させることができることを理解できる。

(イ) 本時の展開

時間	教師の活動	児童の活動	備考（評価など）
0分	はじめ（礼） ・前時までの復習をする ・本時の授業ではドングリの実験を行なうことを伝える	はじめ（礼） ・前時までの学習内容を思い出す ・本時の学習内容を理解する	・前時までの学習内容を理解しているか
5分	【実験1】ドングリには水に浮くものと沈むものがあることを調べよう		
	・ワークシートを配布する ・各班にドングリとビーカーを配る ・予想を立てさせる ・実験開始を指示する ・机間指導する	・ワークシートを受け取る ・ドングリとビーカーを受け取る ・ドングリは水に浮くかどうか予想する ・水の入ったビーカーにドングリを入れ調べる	・ドングリには多くの種類があることに興味が持てるか ・予想がワークシートにしっかりと書かれているか

	・浮いたドングリと沈んだドングリの違いを考えさせ、発表させる	・浮いたドングリと沈んだドングリの違いを考え、発表する	・ドングリの違いについて考えられているか
20分	【実験2】ドングリの中身を調べてみよう		
	・水に浮いたドングリと沈んだドングリをそれぞれカッターで切り、表面にヨウ素液をかけさせる ・気づいたことをワークシートに記入させ、発表させる ・ヨウ素液で色が変化したことの原因を考えさせる ・ドングリが浮いた原因について説明する	・水に浮いたドングリと沈んだドングリをそれぞれカッターで切り、表面にヨウ素液をかける ・気づいたことをワークシートに記入し、発表する ・沈んだドングリには養分があることを理解する ・ドングリが浮いた原因について理解する	・実験前に十分に水に浸しておくとカッターで切りやすくなる。できれば、教師が切るほうが安全である ・ヨウ素液による色の変化と養分との関係について理解できているか
35分	【実験3】ドングリを発芽させてみよう		
	・水に沈んだドングリが発芽するかどうか予想させる ・沈んだドングリを発芽させるための方法を考えさせる ・シャーレと脱脂綿を配付する ・発芽の状況を観察していくことを指示する ・自己評価欄を記入させる 　　　終わり（礼）	・水に沈んだドングリが発芽するかどうか予想する ・沈んだドングリを発芽させるための方法を考える ・各班が考えた方法で、発芽のための準備を行う ・発芽の状況を観察していくことを知る ・自己評価欄を記入する 　　　終わり（礼）	・水、空気、適当な温度のことが考えられているか ・本時の学習を振り返ることができているか
45分			

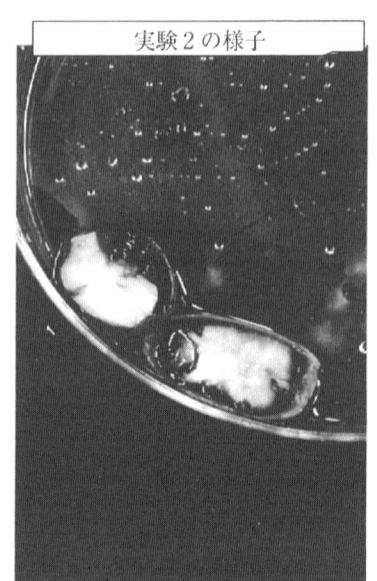

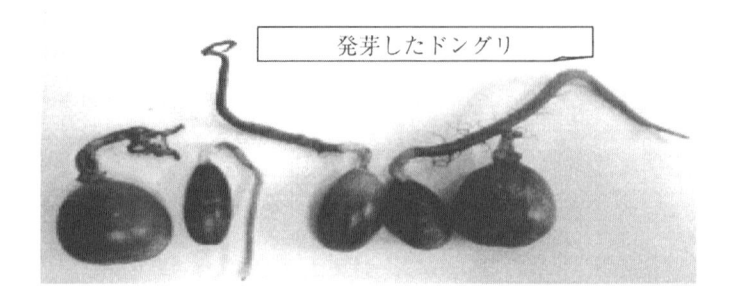

図2.5 実験1・2の様子と発芽したドングリ

○○市立○○小学校　理科　ワークシート

ドングリを科学してみよう！

5年　　組　　名前

1　これまでに学習したこと

(1) インゲンマメの種子の発芽には、水、空気、（　　　　　）が必要でした。
(2) 発芽しかけたインゲンマメの種子の中には、葉や茎や根になるところと、子葉になるところがありました。
(3) インゲンマメの種子の中には（　　　　　）がありました。
(4) インゲンマメの成長に伴い、子葉の養分は発芽に使われていました。

2　今日、学習すること

みなさんは、公園などでドングリをひろったことがありますか？　また、ドングリでコマを作って遊ぶなどしたことはありますか？　今日は、そのドングリを科学していこうと思います。

3　今日の実験の内容

(1) **実験1**；ドングリは、水に浮く？　それとも沈む？
(2) **実験2**；ドングリの中身には発芽に必要な養分があるのかどうかを調べよう。
(3) **実験3**；水、空気、適当な温度の条件でドングリを発芽させてみよう。

【実験1】ドングリは、水に浮く？　それとも沈む？

(1) **使用するもの**；ドングリ、ビーカー
(2) **予想しよう**　；ドングリは、水に（　　　　　）と思います。
　　　　　　　　　　なぜかというと、
　　　　　　　　　（　　　　　　　　　　　　　　　　　　　　　　　）と思います。
(3) **実験を開始！**；水を入れたビーカーの中にドングリを静かに入れてみましょう
(4) **実験結果は？**；
　① ドングリはどうなりましたか・・・

　② なぜそうなったと思いますか・・・

【実験の結果と考えを発表してみましょう。】

【実験2】ドングリの中身を調べてみよう

(1) **使用するもの**；ドングリ、カッター、ヨウ素液
(2) **実験の方法**　；実験1で調べた水に浮いたドングリと沈んだドングリをそれぞれカッターで切り、表面にヨウ素液をかけみましょう。
(3) **予想しよう**　；ドングリの表面はどうなると思いますか？
　　　　　　　　　　（浮いたドングリ・・・　　　　　　　　　　　　　　　　　　　　　　）
　　　　　　　　　　（沈んだドングリ・・・　　　　　　　　　　　　　　　　　　　　　　）
(4) **実験を開始！**；カッターで切るときは、十分に気をつけましょう！
(5) **実験結果は？**；
　　① 浮いたドングリと沈んだドングリはそれぞれどうなりましたか・・・

　　　┌───┐
　　　│浮いたドングリ・・・　　　　　　　　　　　　　　　　　│
　　　│沈んだドングリ・・・　　　　　　　　　　　　　　　　　│
　　　└───┘

　　② なぜそうなったと思いますか・・・

　　　┌───┐
　　　│　　　　　　　　　　　　　　　　　　　　　　　　　　　│
　　　└───┘

【実験の結果と考えを発表してみましょう。】

【実験3】ドングリを発芽させてみよう

(1) **使用するもの**；ドングリ、シャーレ、脱脂綿
(2) **実験の方法**　；シャーレの上に脱脂綿を広げ、その上にドングリを置き、ドングリが発芽するか調べてみましょう。
(3) **予想しよう**　；ドングリは発芽すると思いますか？
　　　　　　　　　　（浮いたドングリ・・・　　　　　　　　　　　　　　　　　　　　　）
　　　　　　　　　　（沈んだドングリ・・・　　　　　　　　　　　　　　　　　　　　　）
(4) **実験方法は？**；ドングリを発芽させるにはどうすればいいと思いますか？
　　　　　　　　　　（　　　　　　　　　　　　　　　　　　　　　　　　　　　　　　）
(5) **実験を開始！**；各班の考えた方法でドングリが発芽するかどうか、これから観察を続けていきましょう！

＜今日の学習を振り返ろう＞
(1) ドングリの実験はおもしろかったですか？　　；（　　　　　　　　　　　　　）
(2) 実験はみんなと協力してうまくできましたか？　；（　　　　　　　　　　　　　）
(3) 実験の予想や考察を考えることができましたか？；（　　　　　　　　　　　　　）

図2.6　授業に用いたワークシート

2.2.2 授業者の振り返りと思考力、判断力、表現力の育成へのつながり

(1) 授業者の振り返り(リフレクション)

　教材の部分では、宮下先生のアドバイスをいただき、秋の身近な実りであるドングリを題材にすることができ、自分自身にも新たな発見がありました。今回は模擬授業でしたので、実験3の結果については、事前に発芽をさせておいたドングリを見せました。そのときには、子どもたちから「すごい!、すごい!」の言葉がたくさん聞こえてきました。そして、子どもたちに発芽したドングリを手に取って見てもらうことができたのはよかったと思います。さらに、段階を追って、土からニョキッと出た双葉を見せることができたら、より種子としてのドングリを実感してもらうことができるだろうと思いました。さらに、子どもが受身になるばかりではなく、主体的に楽しみながら学習できる授業づくりをしていきたいと思います。

　今回、たった1回分の授業を組み立て、実施するまでに事前の準備などにとても時間がかかってしまいました。実際に教師として毎日の授業をこなしながら、子どもたちに楽しく学習してもらえるような授業づくりをするのは本当に大変なことだろうと実感しました。だからこそ、このような模擬授業で理科授業づくりを体験し、他の皆の工夫した授業を受けることは、とても刺激になり、為になっていると思います。理科という分野は、教師の工夫次第で子どもたちがさらに興味をもって取り組めるようになると思います。事前の準備を怠らず、私自身が今回の授業ではじめて知った面白い実験などを伝えていけたらいいなと感じました。

(2) 思考力、判断力、表現力の育成へのつながり

　この授業のねらいは、植物の発芽の様子を調べ、植物は、種子の中の養分を基にして発芽することができ、また、植物の発芽には、水、空気、適当な温度が必要であることを実験を通して理解することである。

(ア) 実験の工夫:本授業単元は、インゲンマメを用いて実験を行い、必要な条件を理解していくものである。この授業では、インゲンマメの実験から理解できたことを参考に、子どもたちが小さな頃から遊びの道具として

用いていた「ドングリ」が種子であることに気づかせるとともに、ドングリにも養分が含まれており、発芽もするという「自然事象への驚き」をも引き出す面白い実験だと言える。また、実験において、ドングリは水に浮くかどうかや、発芽するかどうかなど、これまで考えもしなかったことを予想していくことも子どもには楽しく、思考力も伸ばしていくものと考える。

(イ) ワークシートの工夫：様々なドングリの写真が入っていて、子どもたちの興味・関心をうまく引きつけています。各実験における予想をしっかり書かせたり、実験3では、沈んだドングリを発芽させるための方法を考えさせたりするなど、探究の過程を踏まえ思考力や判断力をはぐくむ工夫がなされている。また、ワークシートの最後には、自己評価欄を設け、本時の学習について、子ども自らに振り返りをさせている。

以上、実験の工夫、ワークシートの工夫により、子どもの思考力、判断力は育成でき、ワークシートへの記述であったり、実験結果を発表したりしていくことにより、表現力も育成していけるものと考える。

2.3　6年生理科授業の工夫－水溶液の性質－

2.3.1　学習指導計画

授業者：M大学　Kさん・Yさん

(1) 領域名　　　第6学年　A　物質・エネルギー
(2) 単元名　　　水溶液の性質
(3) 単元の学習指導目標（ねらい）

　　いろいろな水溶液を使い、その性質や金属を変化させる様子を調べ、水溶液の性質や働きについての考えをもつことができる。

【関心・意欲・態度】
・水溶液の性質に興味・関心をもち、進んで予測、実験、考察などを行なおうとすることができる。

【科学的思考】

・実験を通して、水溶液には気体が溶けているものがあること、金属を変化させるものがあることが理解できる。

【観察・実験の技能・表現】

・いろいろな水溶液をリトマス紙などを用いて調べ、色の変化で酸性、中性、アルカリ性の3つの性質にまとめることができる。

【知識・理解】

・水溶液の性質や働きについて理解し、その見方や考え方をもつことができる。

(4) 実験の内容

(ア) 使用するもの；リトマス紙、ピンセット、水溶液（レモン汁水、砂糖水、水道水、炭酸水、石鹸水）、綿棒、新聞紙、紙コップ

(イ) 実験の内容　；リトマス紙を使って、いろいろな水溶液の性質を調べる。

(5) 単元の学習指導計画（全13時間）

第1次：水溶液の区別
　第1時：水溶液ってどんなもの？
　第2時：水溶液とリトマス紙【本時】
　第3・4時：水溶液の仲間わけ
　第5時：水溶液と紫キャベツ

第2次：金属を溶かす水溶液
　第6・7時：塩酸の働き
　第8時：金属と塩酸
　第9時：金属と水酸化ナトリウム水溶液

第3次：気体が溶けている水溶液
　第10時：炭酸水
　第11時：まとめ
　第12・13時：身の回りの液体を調べよう

(6) 本時の学習指導計画

(ア) 本時の学習指導目標

・リトマス紙の使い方を理解し、正しく使うことができる。

・リトマス紙の色の変化によって、水溶液は酸性、中性、アルカリ性の

3種類に分けられることを理解できる。

(イ) 本時の展開

時間	教師の活動	児童の活動	備考（評価など）
0分	はじめ（礼） ・前時の復習をする ・本時の授業テーマを板書し水溶液の性質の実験を行なうことを伝える	はじめ（礼） ・前時の学習内容を思い出す ・本時の学習内容を理解する	・前時の学習内容を理解しているか ・本時の学習内容を理解できたか
5分	【実験】リトマス紙を使って、いろいろな水溶液の性質を調べよう		
	・ワークシートを配布する ・各班に実験に必要なものや水溶液を配る ・水溶液の性質を予想させる ・リトマス紙の性質と実験方法を説明する ・実験開始を指示する ・机間指導する ・実験結果をワークシートに記録させる	・ワークシートを受け取る ・実験に必要なものや水溶液を受け取る ・水溶液の性質を予想する ・リトマス紙の性質と実験方法を理解する ・実験を行なう ・水溶液の液体名とリトマス紙の色の変化についてワークシートに記録する	・水溶液として、レモン汁水、砂糖水、水道水、炭酸水、石鹸水を準備する ・実験方法や注意事項を守って実験を行なうことができているか
25分	実験結果から分かったことを話し合い、発表しよう		
	・班ごとに実験結果から分かったことや気づいたことを話し合わせる ・各班の意見を発表させる	・実験結果から分かったことや気づいたことを話し合う ・班の代表が分かったことや気づいたことを発表する	・積極的に話し合いに参加しているか ・他の班の発表をしっかり聞けているか
35分	リトマス紙の性質についてまとめよう		
	・リトマス紙の性質についてまとめの説明をする ・まとめをワークシートに記入させる ・自己評価欄を記入させる 終わり（礼）	・リトマス紙の性質について理解を整理する ・まとめをワークシートに記入する ・自己評価欄を記入する 終わり（礼）	・実験結果と結びつけて理解できるか ・本時の学習を振り返ることができているか
45分			

図 2.7　学生が行った水溶液の性質の授業風景

図 2.8　水溶液の実験風景

○○市立○○小学校　理科　ワークシート

水よう液を調べよう！

6年　　組　　名前

☆ **前回の復習**

　水よう液には、**酸性・中性・アルカリ性**の3種類の性質がある。

☆ **実験に使うもの**

　　[　　　　　　　　　　]　→　水よう液の性質を調べるもの

☆ **水よう液を調べてみよう！**

〈実験方法〉
・調べる水よう液を、めん棒を使ってリトマス紙につける。

〈実験の注意〉
・リトマス紙は直接手でさわらない。（ピンセットを使う）
・1つの水よう液に1本のめん棒を使う。
・手や服につかないように気をつける。もしついてしまったらすぐに水で洗い流す。
・実験後は必ず手を洗う。
・絶対に口に入れない！

図2.9　授業に用いたワークシート（1）

☆実験結果

えき体名	リトマス紙の変化	
	青色リトマス紙	赤色リトマス紙

☆気づいたこと

☆まとめ

	性	性	性
青色リトマス紙			
赤色リトマス紙			

☆自己評価☆

・班のみんなと協力して実験できた　（よくできた・まあまあできた・できなかった）

・リトマス紙の使い方がわかった　（よくわかった・まあまあわかった・わからなかった）

図 2.9　授業に用いたワークシート（2）

2.3.2 授業者の振り返りと思考力、判断力、表現力の育成へのつながり

(1) 授業者の振り返り（リフレクション）

　授業では、子どもたちが触れてしまっても安全な水溶液を選んで使用しましたが、どうしても洗剤や石鹸に偏ってしまったので、導入の仕方や水溶液の選択をもっと工夫すればよかったと思いました。また、一つの班に5種類の水溶液を用意したのはよかったのですが、配るのに手間取ってしまい、予想以上の時間がかかってしまいました。もっと実験結果について考えさせたり、そこからリトマス紙の働きについて気づかせたりという活動にもって行ければよかったと思いました。そこで、1つの班に2種類くらいの水溶液に絞るなどして、時間短縮の工夫をすればよかったのかと考えます。

　また、本時の授業で、実験結果を予想させる時間を設けることで、本来のねらいであるリトマス紙について考えさせたり、学ばせたりする時間があまり取れませんでした。そこで、水溶液の見かけやにおいなどの観察は前時に行い、本時ではリトマス紙についてしっかりと基礎を定着できるような授業構成にしていきたいと考えます。そのために、水溶液の性質を予想するという活動の変わりに、実験結果から水溶液とリトマス紙との関係を考える活動を取り入れていきたいと思います。

　水溶液などの実験に必要なものを各班に配るときには、トレーのようなものを用意し、1つの班に1つの実験セットを準備しておくことで時間短縮と液体をこぼすなどの危険性を防げることにもなったと思いました。

(2) 思考力、判断力、表現力の育成へのつながり

　この授業のねらいは、水溶液は酸性・中性・アルカリ性に分けられることについて実験を通して理解することである。

（ア）実験の工夫：授業者は、子どもたちの生活の中で身近にある水溶液として「レモン汁水、砂糖水、水道水、炭酸水、石鹸水」を実験に用い、これらの水溶液が酸性、中性、アルカリ性に分けられるという実験を工夫している。生活の中で知っている、もしくは活用している水溶液を使うことにより、子どもたちは一層、水溶液に対して興味と関心をもって実験に取

り組むことができたものと思う。子どもたちの身近なものとリトマス紙を用いて、水溶液の性質の違いを5種類の水溶液の比較を通して気付かせようとしたことは、子どもの自然事象への驚きや不思議さを引き出すのによい学習展開が工夫されていると思う。

(イ) 実験シートの工夫：授業者は、実験結果を記録したり、気づきやまとめを記入するワークシート以外に、図2.8のような「水溶液を調べよう」という実験シートを子どもたちに配布している。5種類の水溶液の性質の比較がしやすいように、事前に、実験シートには青色リトマス紙と赤色リトマス紙を溶液ごとに貼っている。実験はそのシートのリトマス紙に、それぞれの水溶液を綿棒でつけて性質を確認させていくものである。この工夫は、各溶液の性質を調べる実験を誤らせることなく、記録として保存させ、実験後に子どもたちで気づきを深めていくという意味からも大変に効果があったと考える。

以上、実験の工夫、実験シートの工夫により、子どもの思考力、判断力は育成でき、ワークシートへの記述であったり、実験結果を発表したりしていくことにより、表現力も育成していけるものと考える。

2.4　6年生理科授業の工夫－土地のつくりと変化－

2.4.1　学習指導計画

授業者：K大学　Aさん・Kさん

(1) 領域名　　　第6学年　B　生命・地球
(2) 単元名　　　土地のつくりと変化
(3) 単元の学習指導目標（ねらい）

　　土地やその中に含まれるものを観察し、土地のつくりや土地のでき方を調べ、土地のつくりと変化についての考えをもつことができる。

【関心・意欲・態度】
・地層ができる仕組み、土地がどのようなものでできているのかについて興味をもち、資料をもとに、進んで話し合いに参加することができる。

・地震や火山の噴火による土地の変化について興味をもち、進んで地域の土地のつくりを調べようとすることができる。

【科学的思考】
・資料や観察・実験の結果から、土地が流れる水の働きや火山の働きによってできていることを推論することができる。
・堆積実験に用いるペットボトルの水槽や牛乳パックのレールが自然界ではどのような役割をしているのかを考えることができる。
・地震や火山の噴火によって土地が変化することについて考察することができる。

【観察・実験の技能・表現】
・地層ができる仕組みを確かめる工夫をし、水や土砂の量に気をつけながら計画的実験に取り組むことができる。
・地層を観察し、観察した地層の構成物の様子や特徴を記録することができる。

【知識・理解】
・土地は礫、砂、泥、火山灰及び岩石からできており、層をつくって広がっているものがあることを理解することができる。
・地層は流れる水の働きや火山の噴火によってでき、化石が含まれているものがあり、火山や地震によって土地が変化することを理解することができる。

(4) 実験の内容
（ア）使用するもの：ペットボトル、牛乳パック、小石、砂、粘土、水、傾斜をつける台、新聞紙、紙粘土、ワークシート
（イ）実験の内容　：川に見立てた牛乳パックのレールの上に、小石、砂、粘土を混合させたものを置き、その上からペットボトルの水槽に水を流し、水槽に土砂が堆積していく様子を観察する。しばらく時間を置き、実験を繰り返す。

(5) 単元の学習指導計画（全12時間）
　第1時：私たちの住んでいる土地は、どのようなものでできているのか、資料を見て話し合う。

第2時：流水の働きでできた地層のでき方を考え、水槽に土砂を流す堆積実験を行い調べる。【本時】

第3時：流水の働きでできた地層、堆積岩の特徴を調べる。

第4時：火山の働きでできた地層の特徴を調べる。

第5～7時：地層観察の計画を立て、観察の準備を行い、私たちが住む地域に見られる地層や含まれている化石などについて直接観察し、土地のつくりと変化について考察する。

第8時：私たちが住む地域に、地震や火山の噴火によって土地が変化した様子が見られるか話し合い、どちらか一つを選択して調べ学習の計画を立てる。

第9～11時：A・Bの選択した内容について調べ学習を行なう。
　　　　　A　地震による土地の変化の様子について調べる。
　　　　　B　火山の噴火による土地の変化の様子について調べる。

第12時：調べたことや観察したことを発表し、学習したことをまとめる。

(6) 本時の学習指導計画

(ア) 本時の学習指導目標
・流水の働きでできた地層のでき方を予想し、水槽に土砂を流し込む堆積実験を通して調べることができる。

(イ) 本時の展開

時間	教師の活動	児童の活動	備考（評価など）
0分	はじめ（礼）	はじめ（礼）	
	前回の授業を振り返ろう		
	・ワークシートを配布する ・前時の復習をする ・本時の授業テーマを板書し、地層の堆積実験を行なうことを伝える	・ワークシートを受け取る ・前時の学習内容を思い出す ・本時の学習内容を理解する	・前時の学習内容を理解しているか ・本時の学習内容を理解できたか
5分	地層の堆積実験の方法を理解しよう		
	・各班に実験に必要な器具や小石、砂、粘土などを配る ・地層の堆積実験の方法を演示実験により説明する ・堆積の様子を予想させる	・実験に必要な器具や小石、砂、粘土などを受け取る ・地層の堆積実験の方法を理解する ・堆積の様子を予想する	・土砂を堆積させるペットボトルの水槽の中には、予め斜面をつくっておく

10分	【実験；1回目】ペットボトル水槽で地層の堆積実験を行なおう		
	・1回目の堆積実験の開始を指示する ・机間指導する ・土砂が沈みきったら堆積の様子を観察させ、結果をワークシートに記録させる	・班で協力して、1回目の堆積実験を行なう ・土砂が沈みきったら堆積の様子を観察し、結果をワークシートに記録する	・実験方法や注意事項を守り、協力して実験を行なうことができているか ・流水の量などを工夫しているか
20分	【実験；2回目】ペットボトル水槽で地層の堆積実験を行なおう		
	・各班の実験の進み具合に合わせ、2回目の実験を行なうように指示する ・実験結果をワークシートに記録させる	・班で協力して、2回目の堆積実験を行なう ・2回目の実験結果をワークシートに記録する	・協力して実験を行なうことができているか ・実験結果を正確に記録しているか
30分	地層の堆積実験から分かったことを話し合おう		
	・地層の堆積実験から分かったことを班で話し合わせ、ワークシートに記録させる ・各班の意見を発表させる	・地層の堆積実験から分かったことを班で話し合い、ワークシートに記録する ・班の代表が分かったことや気づいたことを発表する	・実験結果を正確にとらえて、話し合いができているか ・他の班の意見を聞けているか
40分	流水の働きでできた地層のでき方についてまとめよう		
	・流水の働きでできた地層のでき方についてまとめの説明をする ・まとめをワークシートに記入させる ・自己評価欄を記入させる	・流水の働きでできた地層のでき方について理解を整理する ・まとめをワークシートに記入する ・自己評価欄を記入する	・実験結果と結びつけて理解できるか ・本時の学習を振り返ることができているか
45分	終わり（礼）	終わり（礼）	

図2.10 学生が行った地層の堆積実験の授業風景

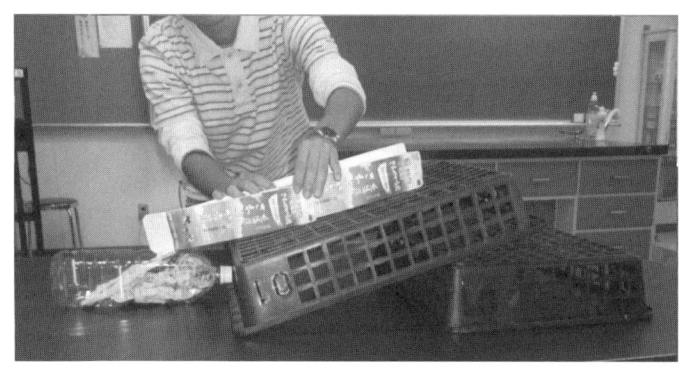

図2.11 授業者手作りの地層の堆積実験器具（その1）

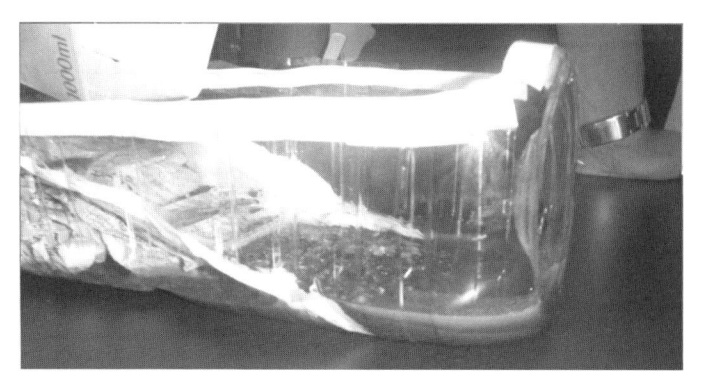

図2.12 授業者手作りの地層の堆積実験器具（その2）

○○市立○○小学校　理科　ワークシート

地層作り大実験！！

6年1組　　番　名前

前回の復習
・地層には**小石、砂、粘土**が積み重なってできたものや、**火山灰**および**岩石**からできたものがあり、**層を作って広がっている**。
・地層は、流れる　　　　　のはたらきや　　　　　の噴火によってできる。

今日の学習・実験のねらい
小石、砂、粘土をふくむ土を水で流しこみ、**水のはたらき**でできた、地層のでき方を調べる。

実験器具の説明

粘土 ＋ 砂 ＋ 小石 → 混ぜた物

水の入ったペットボトル
①牛乳パックのレール
③ペットボトルの水そう
②ペットボトルの板
けいしゃをつける台（約15度）
しんぶんし

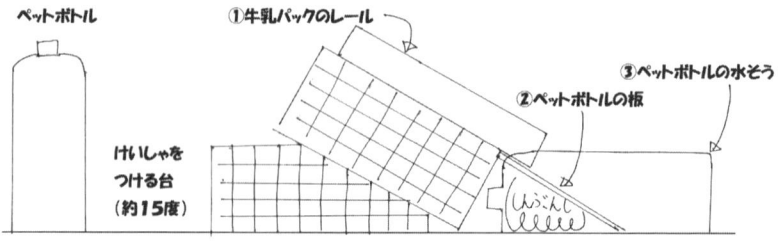

☆①②③は何の役割をしているだろう？

①	②	③

実験内容
1、砂・小石・土を混ぜたものを牛乳パックのレールの上にのせる。
2、牛乳パックのレールの上から水を流して土をペットボトルの水そうに流し込む。
　　注意：水は静かに流し込もう！
3、しばらくして土がしずみきったら、もう一度①、②のようにして、土を水そうに流し込む。

図2.13　授業に用いたワークシート（1）

予想してみよう！ :砂や粘土をふくむ土を水の中に流し込んだら、どのような層ができるだろう？

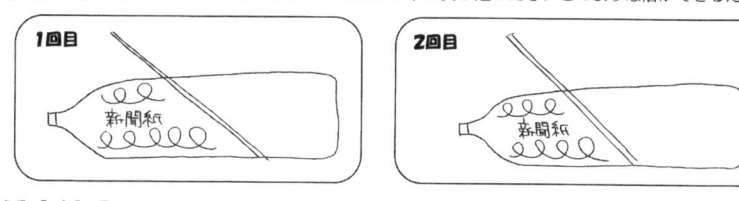

1回目

2回目

観察結果

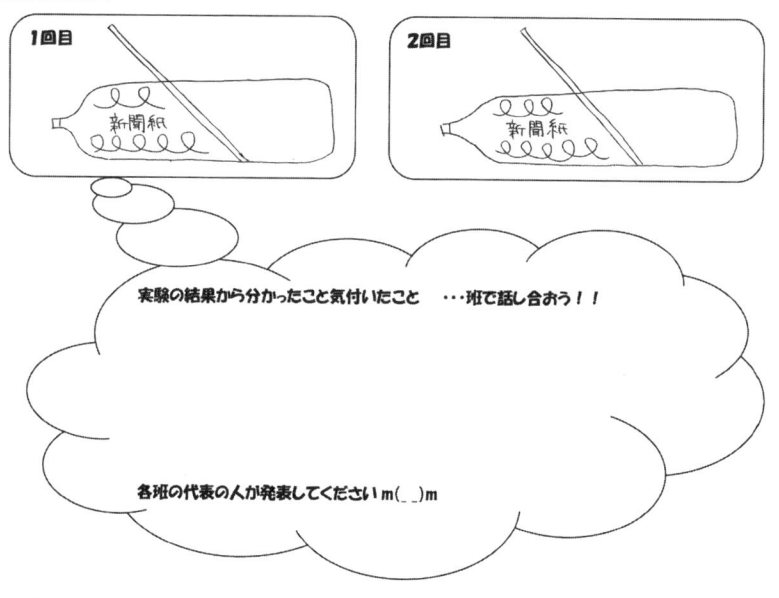

1回目

2回目

> 実験の結果から分かったこと気付いたこと　…班で話し合おう！！
>
> 各班の代表の人が発表してくださいm(_ _)m

まとめ（丸をつけよう）
- 水のはたらきでできた地層は粒が（**大きい・小さい**）方からしずんでいく。
- 水のはたらきによって、より小さい粒の方が（**遠くに・近くに**）運ばれる。

今日の授業をふり返ろう！ （よくできた◎　できた○　できなかった△）

積極的に実験に参加できた	
結果を予想し、理由を考えることができた	
実験器具を正しく使うことができた	
地層のできかたについて理解することができた	

図2.13　授業に用いたワークシート（2）

2.4.2 授業者の振り返りと思考力、判断力、表現力の育成へのつながり

(1) 授業者の振り返り（リフレクション）

　この授業を行うに当たり、「土地のつくりと変化」の単元で、地層ができる様子を調べる実験をどのように行なえばよいのか、様々な身近な材料を用いて試行錯誤をしました。特に、実験器具を考え、子どもの班の数分準備することは一苦労でした。

　今回の実験は、本来、雨どいと大型の水槽を使ったダイナミックな実験です。しかし、そのような器具はないので、私たちの生活の身近にあるものを代用して行ないました。雨どいの代わりは牛乳パックを使い、大型水槽の変わりは2リットルのペットボトルの横一面を切って水槽にし、切り取った部分を水が滑らかに流れるための斜面とするための板に活用しました。また、そのままでは水が水槽と板との間に流れ込んでしまうので、隙間を新聞紙と紙粘土で埋め、切り口で指を切らないようにビニールテープで補強しました。

　一生懸命に事前に作成しておいた実験器具を使って地層の堆積実験を行なわせました。子どもたちから「うわー」「すごい！」と声が上がったときは、準備がとても大変だったけれども、時間をかけて実験器具を準備し、学習指導計画を立て推敲を重ねた甲斐があったなと感じることができました。教師が児童の感動する姿や、真剣に実験に取り組む姿を思い描き、授業に時間と努力を注げば、児童が、また、教師自身も「やってよかった」と思える授業をつくっていけるのだと確信しました。そして、授業を行い「やってよかった」と思って終わりにするのではなく、よかった点は生かし、改善すべき点は直し、さらによい授業をつくっていきたいと思いました。

(2) 思考力、判断力、表現力の育成へのつながり

　この授業のねらいは、土地のつくりや土地のでき方について、流水の堆積実験を通して理解することである。

（ア）実験の工夫：授業者は、子どもたちの生活の中で身近にある牛乳パックやペットボトルを実験に用い、机の上で流水の堆積実験を工夫している。
　　この実験は、本来、雨どいと大型の水槽を使うなど、校庭などの広いとこ

ろで行なう小学校の理科とすれば大掛かりな実験である。それを机の上でコンパクトにでき、しかも礫、砂、泥が自然界の堆積の仕方に近い形で再現できるように、ペットボトル水槽内に斜面をつくり、かつ、流水や土砂が斜面から漏れないようにするなど、授業者の試行錯誤の上での工夫が多く見ることができる。また、授業者はワークシートにも示している通り、流水を流す牛乳パックのレールの傾きを試行錯誤の結果、15度の傾斜が最も実験結果がよく現れることを確認した。また、その傾きをつくる台として、花屋さんから苗を入れる籠をもらい、2つ組み合わせてつくった。これも授業者として優れた工夫と事前準備であったと考える。

(イ) ワークシートの工夫：ワークシートには、前時に行なった学習の内容を先に確認させた上で、本時の学習や実験のねらいが明確に示されている。また、実験器具の様子もイラストで示され、子どもにとってこれから行なう実験や学習の内容が大変分かりやすくつくられている。また、実験の予想や結果を記録する欄、気づきを記入する欄、知識・理解をまとめる欄が設けられており、子どもの探究活動を助ける仕組みができていると思う。

以上、実験の工夫、ワークシートの工夫により、子どもの思考力、判断力は育成でき、ワークシートへの記述であったり、実験結果を発表したりしていくことにより、表現力も育成していけるものと考える。

第３章　プロの教師がつくる理科授業

　本節は、現職のプロの教師が考え、つくった理科授業の一例を、東京都教職員研修センター東京教師養成塾が 2010 年 10 月に実施した公開ゼミナールの際に参加者に配布された学習指導案[1]を参考に、著者により一部加筆修正したものを紹介させていただく。単元の評価規準の立て方、単元や本時の学習指導計画の立て方、そして板書計画の立て方など、小・中学校で理科を直接指導されている先生方や教師をめざしている学生の方々にとって、これからの理科授業を計画・実施していく際に大いに参考になるものと思う。

3.1　４年生理科授業の工夫－金属、水、空気と温度－

3.1.1　学習指導計画

平成〇〇年〇〇月〇〇日
〇〇立〇〇小学校　第４学年〇組　計〇〇名
授業者　〇　〇　〇　〇

（１）領域名　　第４学年　Ａ　物質・エネルギー
（２）単元名　　もののかさと温度
（３）単元の学習指導目標（ねらい）
　　　金属、水及び空気を温めたり冷やしたりして、それらの変化の様子を調べ、金属、水及び空気の性質についての考えをもつことができる。

(4) 単元の評価規準

観点	ア．自然事象への関心・意欲・態度	イ．科学的思考	ウ．観察・実験の技能・表現	エ．自然事象についての知識・理解
単元の評価規準	・金属・水及び空気を温めたり冷やしたりしたときの現象を興味・関心をもって追究し、見いだした特性を生活に生かすことができる。	・金属・水及び空気を温めたり冷やしたりしたときの現象を比較しながら問題を見いだし、差異点や共通点をとらえ、問題を解決することができる。	・簡単な器具や材料を見つけたり、使ったり、作ったりして観察・実験やものづくりを行い、その過程や結果を分かりやすく表すことができる。	・金属・水及び空気などには、決まった性質や働きがあることなどを理解することができる。
学習活動に即した具体的な評価規準	①金属・水及び空気を温めたり冷やしたりしたときの現象に興味・関心をもち、すすんでものの温度に対するかさの変化を調べることができる。②金属・水及び空気を温めたり冷やしたりしたときのかさの変化に興味をもち、すすんでものの温度とかさの変化の関係を調べることができる。	①金属・水及び空気を温めたり冷やしたりしたときの体積の変化についての考えをもつことができる。②金属・水及び空気の性質と温度変化との関係を、温めたり冷やしたりしたときの体積変化をもとに考えることができる。	①金属・水及び空気を温めたり冷やしたりしながら体積の変化を調べ、結果を記録することができる。②金属・水及び空気の性質を、それぞれの体積の変化の結果記録を比較し、まとめることができる。	①金属・水及び空気は、温めると体積は膨張し、冷やすと収縮することが理解できる。②金属・水及び空気は、ものによってその温まり方には違いがあることが理解できる。

(5) 指導観

(ア) 単元について：児童はこれまで、閉じ込められた空気や水に力を加えると、空気はかさが小さくなるが、水は変わらないという見方や考え方ができるようになってきている。しかし、温めたり冷やしたりしたときの体積変化については学習していない。本単元では、空気、水、金属を温めたり冷やしたりして、空気は温度によってかさが変わることや、一見かさが変わらないように見える水や金属も温度によってかさが変わることを、実験を通してとらえさせていきたい。さらに、温度変化と空気、水、金属のかさの変化を関係づけて考えることができる力をはぐくんでいきたい。

（イ）児童の実態について：本学級の児童は、実験することに対して意欲的である。児童は、前単元において空気は力を加えられるとかさが変化するが、水は空気と違って力を加えてもかさが変わらないことを理解している。本単元では、空気、水、金属を温めたり冷やしたりする実験を通して、空気は温度によってかさが変わることや、かさが変わらないように見える水や金属も、温度によってかさが変わるという見方や考え方をもてるようにしていきたい。

（ウ）教材について：本単元は、空気、水、金属という児童にとって身近なものについての単元である。これのかさと温度とを結びつけて考えることで、どのような変化が起きるのかを実験を通して考え、一般的事象へ目を向ける機会としたい。また、問題解決学習特有の「仮説を立て、実験を行い、結果から考察を行なう」という学習過程で、自分なりの考えをはっきりともつことができるようにしたい。

さらに、アルコールランプや熱湯などを使用する実験は初めて行なうので、児童の意欲は非常に高くなることが予想されるが、その半面危険性も高い。従って、実験器具の正しい使い方を事前にしっかりと指導するなど、児童の安全面には十分に配慮していきたい。

(6) 単元の学習指導計画（全6時間）

次	時	ね ら い	学 習 活 動	評価（評価方法）
第1次	1本時	・身のまわりにある空気が温度の変化により、どのように変化するかを考えることができる。	・空気のかさの変化を調べる。 ・フラスコやソフトテニスボールを温める実験を行い、空気は温められるとどうなるかを話し合う。 ・空気が温度の変化によってどのように変化するかを話し合う。	ア―① （発言・観察） エ―① （ワークシート）
	2	・閉じ込めた空気を温めたり冷やしたりして、空気は温められるとかさがおおきくなり、冷やされるとかさが小さくなることを理解できる。	・閉じ込めた空気は温めたり冷やしたりするとかさが変わることに問題意識をもち、ゴム栓をつけたガラス管の先に水をつけ試験管に差し込む。その試験管に閉じ込めた空気をお湯に入れ温めたり、氷水に入れて冷やしたりして、かさの変化を調べる。	イ―①② （発言） エ―① （ワークシート）

		学習活動・内容		
第2次	3・4	・水を温めた冷やしたりすると、どのようにかさが変化するか調べることができる。 ・水のかさの変わり方は、空気に比べて小さいことを理解できる。	・水のかさの変化を調べる。 ・水は温めたり冷やしたりするとかさが変わることに問題意識をもち、試験管の中の水を温めたり冷やしたりして、かさの変化を調べる。 ・空気も水も、温められるとかさが大きくなり、冷やされるとかさが小さくなること、水のかさの変わり方は、空気に比べて小さいことをまとめる。 ・資料を読み、棒温度計のしくみについて知る。	アー② (発言・観察) イー①② (発言) エー① (ワークシート)
第3次	5	・金属を温めたり冷やしたりすると、どのようにかさが変化するか調べることができる。	・金属のかさの変化を調べる。 ・金属は温められるとかさが大きくなるのかに対する問題意識をもち、金属球を熱したり冷やしたりして、かさの変化を調べる。 ・アルコールランプなどの使い方を練習する。	アー② (発言・観察) イー①② (発言・観察) ウー①② (観察)
	6	・かさが変わらないように見える金属も温度変化によってかさが変わることを理解できる。	・金属も、熱せられるとかさが大きくなり、冷やされるとかさが小さくなること、金属のかさの変わり方は、空気や水に比べて小さいことをまとめる。 ・資料を読み、身のまわりの金属ののび縮みの例について知り、身のまわりの工夫について話し合う。	イー② (発言) エー①② (ワークシート)

(7) 本時の学習指導計画

(ア) 本時の学習指導目標

　・身のまわりにある空気が温度の変化により、どのように変化するかについて実験を通して調べ、考えることができる。

(イ) 本時の展開

	学習活動・内容	指導上の留意点（評価方法）
	はじめ（礼）	
	前の単元で学習したことを復習しよう	
導入	1　前の単元の復習を行なう。 ・空気は力を加えられるとかさが変化することを空気鉄砲の実験を行い確認する。	・前の単元の学習内容を理解しているか。
	本時の学習課題を知ろう	
	2　じゃがいもで栓をしたフラスコを温め、栓が飛ぶ演示実験を観察する。 3　本時の学習課題を知る。	・児童の興味・関心を引くような事象提示に心がける。 ・熱湯を使用するので、児童にかからないように十分に注意する。

第３章　プロの教師がつくる理科授業　125

展開	じゃがいものせんがフラスコから飛んだ理由を考えよう	
	4　学習課題に対して予想を立てる。 ・ワークシートに実験時のフラスコの中の様子を図（絵）で記入し、その後、予想を文で記入する（＝仮説） 　Ｃ１：空気が上に移動する。 　Ｃ２：空気が伸びたり、膨れたりする。 　Ｃ３：空気は温かくなると膨れる。 5　予想を発表する。	〔評価　ア―①（ワークシート）〕 ・予想が全く立てられない児童に対しては、力を加えていないことや、温めたフラスコと温めないフラスコの違いなどを丁寧に順を追って説明し、考えさせる。
	ソフトテニスボールをお湯に入れる補足実験を行おう	
	6　へこんで弾まなくなったソフトテニスボールをお湯に入れる補足実験を行う（ソフトテニスボールの実験）。 7　フラスコやソフトテニスボールを温める実験の結果から、本時の学習課題に対する結論を考える。	・お湯に直接手が触れないように、十分に注意をする。 〔評価　エ―①（ワークシート）〕 ・分かったことの発表の際に、本時の学習内容についてどうであったかを考えさせる補助発問をする。
まとめ	空気のかさと温度についてまとめよう	
	8　空気のかさと温度について、実験結果にも触れながらまとめる。 　Ｃ１：空気は温められると大きくなる。 　Ｃ２：空気のかさは温度が上がると大きくなる 9　本時の学習の振り返りを行い、次時の学習活動を知る。 　　　　終わり（礼）	・まとめは、なるべく児童の言葉でまとめる

(ウ) 板書計画

もののかさと温度

2つのフラスコの違いを図にして模造紙にまとめ、貼る。

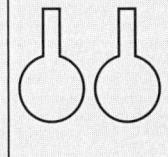

じゃがいもが飛んだ！
力は加えていない
↓
まほうの水をかけた
↓
フラスコが温められた
↓
？？？
↓

課題
じゃがいものせんがフラスコから飛んだ理由を考えよう。

予想
・中の空気が大きくなる
・空気が上に移動する
・空気が伸びたり膨れたりする
・空気は温かくなると膨れる

ソフトテニスボールの実験の様子を模造紙に表し、黒板に貼る

結論
（なぜじゃがいもは飛んだか）

フラスコの中の空気が大きくなったから

まとめ
空気の体積は温められると大きくなる。

○○市立○○小学校　理科　ワークシート

もののかさと＜　　　　＞

4年　　組　　番　名前 _____

学習の課題

| じゃがいものせんがフラスコから飛んだ理由を考えよう。 |

1．まほうの水の正体は何だろう。予想して書こう。

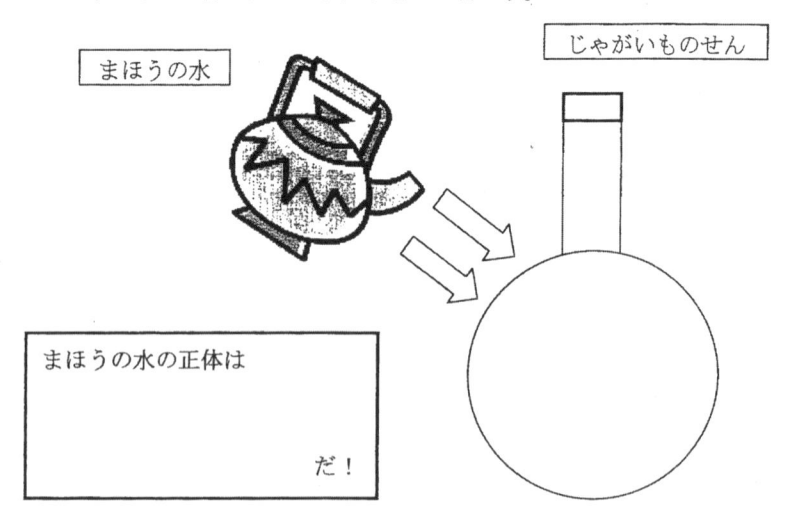

まほうの水　　　　　　　　　　　じゃがいものせん

| まほうの水の正体は

　　　　　　　　だ！ |

2．なぜじゃがいものせんが、フラスコから飛んだのかな？
　　自分の予想を書こう。

3．結論　　　ジャガイモのせんがとんだのはなぜか、答えを書いてみよう。

| ジャガイモのせんが飛んだのは、 |
| |
| からである。 |

4．まとめ

5．感想（わかったこと、感じたこと）

図2.14　授業に用いたワークシート

3.1.2　プロの教師がつくった理科授業の工夫点

　本章で紹介をしたプロの教師がつくった理科授業には、単元の評価規準の立て方、単元や本時の学習指導計画の立て方、そして板書計画の立て方において、多くの工夫がなされていると思う。

（ア）単元の評価規準の立て方；

　第2部第1章の1.3において、著者は「理科としての到達目標を明確にもつことが必要である。つまり、小学校の理科の目標、中学校の理科の目標、学年としての目標、学習単元としての目標を明確にもつことが必要である。その上で、さらに、各単元の学習を通してどのような力をはぐくんでいくのか、具体的な『観点別到達目標』を立てていくことが重要である。」と述べた。

　本章で紹介をしたプロの教師がつくった理科授業には、単元の評価規準、つまり、具体的な観点別到達目標が、「ア．自然事象への関心・意欲・態度」「イ．科学的思考」「ウ．観察・実験の技能・表現」「エ．自然事象についての知識・理解」として明記されている。加えて、"学習活動に即した具体的な評価規準"として、単元の評価規準をさらに具現化して2項目ずつ丁寧に表している。このように、単元の学習指導目標（ねらい）を達成させるために、そのねらいを細分化し、さらに、具体的な学習場面ではどこまでできるようにすればよいのかと、目標を構造化している点は、見習うべきところだと思う。

（イ）単元や本時の学習指導計画の立て方；

　この単元の学習指導計画は全6時間扱いになっている。各授業時間の中では、どの評価規準を適用することができるのか、単元の学習指導計画の中に、「評価（評価方法）」として「ア−①（発言・観察）」などのように明確に位置づけていることも、工夫されている点だと思う。さらに、本時の学習指導計画においても「評価（評価方法）」において同様な評価規準を明確に位置づけている。

　単元の学習指導目標や評価規準が単元全体の学習や本時の学習においてどのように関わりがあるのかが大変に分かりやすい示し方になっていると思う。こうした、学習指導計画の作り方は、授業者の頭の整理に止まることなく、第三者が見て、授業を再現していくという観点からも大変に有効である

と言える。

（ウ）板書計画の明確化；

　本章で紹介をしたプロの教師がつくった理科授業の学習指導計画には、しっかりとした板書計画がつくられている。これは、プロの教師をめざす人たちには大いに参考になるものと考える。

　ところで、板書は、学習者の年齢が低いほど丁寧で分かりやすいものであってほしいと思う。特に、小学校の授業における板書は、子どもたちが見て分かりやすい「作品」であってほしいと願っている。そのためにも、色チョーク、カード、模造紙に描いた図や表、写真などを巧みに活用し、黒板に掲示していくなどすると、教育効果は格段に高まっていく。

　理科授業でまず行ってほしいのが、本時の授業ではいったい何を学ぶのか、そのめあてを黒板の左上に「本時の授業タイトル（小単元名など）」として、しっかりと書いてほしいと思う。このことにより、子どには今日の理科授業の目的が明確になり、学習にもスムーズに入っていけるからである。その上で、黒板の左側には何を書こうか、貼ろうか、授業のどの時点で書こうか、貼ろうかなどを事前にしっかりと計画しておくことが重要である。

　なお、板書計画とともに、板書する際に気をつけなければならないことは、
・白のチョークだけでただ書けばよいというものでもない。比較する事象ごとにチョークの色を変えたり、重要なところを色チョークで示したりする必要がある。
・特に、小学生の授業では、学習していない漢字を用いることは厳禁である。事前に学習指導要領（国語）で確認をしておく必要がある。さらに、文字の書き順を誤らないようにすることも必要である。
・文字の大きさや筆圧にも十分に注意する必要がある。教室の後ろに行き、子どもに見やすい板書になっているか、毎回の授業において確認していくことが必要である。

　など、理科授業を行うためには、観察・実験の準備、ワークシートの作成に終わることなく、板書計画をしっかりと立てていくことが重要になるのである。

【引用文献】

1) 東京都教職員研修センター東京教師養成塾『第2回公開ゼミナール学習指導案集』, pp. 13-15, 2010.

第4章　よりよい理科授業をめざして

4.1 言語活動の充実を図る理科授業のポイント

4.1.1 学習指導要領で求められている言語活動

　平成20年1月17日に出された中央教育審議会答申「幼稚園、小学校、中学校、高等学校及び特別支援学校の学習指導要領等の改善について」[1]の教育内容に関する主な改善事項の第一に、言語活動の充実が示された。そして、平成20年3月に学習指導要領の告示が行われたわけである。この改訂の大きな特色として言語活動の充実が挙げられる。言語活動の充実は、何も国語科だけではぐくむというものではない。理科をはじめとする各教科等においてもはぐくんでいく必要がある。つまり、言語活動の充実は、各教科等を貫く重要な改善の視点だと言えるのである。

　では、言語活動の充実とはどのようなことなのであろうか。学習指導要領（平成20年3月告示）の「第1章　総則　教育課程編成の一般方針」には、次のように記されてる[2]。

> 　学校の教育活動を進めるにあたっては、各学校において、児童に生きる力をはぐくむことを目指し、創意工夫を生かした特色ある教育活動を展開する中で、基礎的・基本的な知識及び技能を確実に習得させ、これらを活用して課題を解決するために必要な思考力、判断力、表現力その他の能力をはぐくむとともに、主体的に学習に取り組む態度を養い、個性を生かす教育の充実に努めなければならない。その際、児童の発達の段階を考慮して、児童の言語活動を充実するとともに、家庭との連携を図りながら、児童の学習習慣が確立するよう配慮しなければならない。

　同じく、「第1章　総則　指導計画の作成等に当たって配慮すべき事項」には、次のように記されている。

> 　各教科等の指導に当たっては、児童の思考力、判断力、表現力等をはぐくむ観点から、基礎的・基本的な知識及び技能の活用を図る学習活動を重視するとともに、言語に対する関心や理解を深め、言語に関する能力の育成を図る上で必要な言語環境を整え、児童の言語活動を充実すること。

　これらの文章から、言語活動は、児童の思考力、判断力、表現力等の能力をはぐくむために必要な要素の1つととらえることができる。つまり、言語活動を充実させるからといって、ただ理科授業に言語活動を取り入れればよいというものではない。大切なことは、理科の学習活動の中で言語活動を行い、子どもの思考力、判断力、表現力等をしっかりとはぐくみ、確かな自然観をはぐくみ、自然大好きな子どもをはぐくんでいくことだと考える。

4.1.2　理科授業のポイント

　理科の学習においては、予想や仮説を立てて観察・実験を行うだけではなく、その結果に基づいて考察を行う学習活動を充実させることにより、子どもたちの科学的な思考力や判断力を育成していくことが大切である。考察を充実させるためには、観察・実験したことを表やグラフに整理していくことが必要である。こうした表やグラフを活用して、自らが立てた予想や仮説と関係づけながら考えたり、説明したりすることにより、考察を深めていくことが可能になる。なお、その際に、観察・実験から分かったことなどの根拠を示させたり、科学的な言葉や概念を使用させたりしていくことが重要である。

　図2.15は、理科における体験活動、思考活動、表現活動について、神奈川県立総合教育センター（2010）[3]がまとめたものである。図2.15に示されているように、体験活動は理科の学習を支える大切なものである。自然事象を直接観察するためには、教室や校庭だけでなく、野外に直接出て行き植物や動物の様子、地形や地層の様子などをしっかりと観察させることは重要なことである。なお、理科授業における野外自然体験学習の重要性と具体的な方策などについては、宮下（2009）[4]に詳述しているので、そちらを参照していただきたい。理科では、こうした体験活動が充実されることにより、

思考活動や表現活動の充実にもつながっていくと言えるのである。

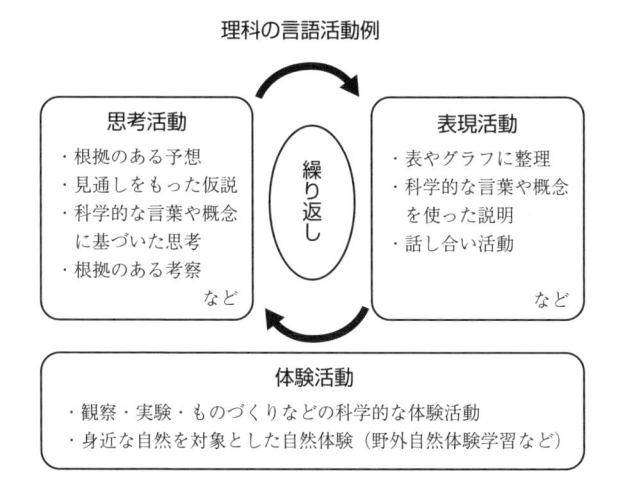

理科の言語活動例

思考活動
・根拠のある予想
・見通しをもった仮説
・科学的な言葉や概念に基づいた思考
・根拠のある考察
など

繰り返し

表現活動
・表やグラフに整理
・科学的な言葉や概念を使った説明
・話し合い活動
など

体験活動
・観察・実験・ものづくりなどの科学的な体験活動
・身近な自然を対象とした自然体験（野外自然体験学習など）

図2.15　理科における言語活動例
（神奈川県立総合教育センター；2010より、一部改変の上引用）

　理科授業において体験活動を充実させるためには、学習の素材をなるべく子どもたちの身近なものにし、子どもの生活経験や学習経験の中から見通しをもちやすくしていくことが必要である。児童自らが発想した見通しにより、子どもは観察・実験等の体験活動に意欲的に取り組んでいくことが期待できる。そして、観察・実験等の結果から主体的に考察したり、話し合ったり、結果や考えを発表したりできるようになると考える。このような学習活動を、班の中や学級全体で繰り返し、繰り返し行っていくことにより、体験活動、思考活動、表現活動が質的にも向上し、科学的な思考力、判断力、表現力の育成が図られていくとものと考える。

4.2　先生と先生をめざす学生に期待すること

　次に示す文章は、私の大学での「理科教育法」の授業を受け、理科の模擬

授業を経験した後に、将来、小学校の理科授業を行うに際しての抱負を述べてくれたものの一例である。

　私は、今まで理科があまり好きではありませんでした。しかし、理科教育法の授業を受け、自分自身で模擬授業を行ったり、皆が行う模擬授業に参加したりしているうちに、理科のもつ不思議さや面白さというものに出会い、子どもたちにもこの不思議さや面白さを伝えたいと強く思うようになりました。

　なぜ、今まで自分が理科を嫌いだったのか思い返してみると、理科というのは、他の教科に比べ、様々な実験器具を使い、物質やエネルギー、生命や地球といったように、とても規模が大きく、少し取っつきにくかったように思います。教科書で見てもよく分からないし、その不思議さやすごさというものも十分に感じることができなかったからだと思います。

　このように考えてみると、これから私が小学校で理科を指導する立場になったとき、かつての自分のように、理科は取っつきにくいと思うのではなく、「理科って楽しい！」「理科はこんなに身近にあったのか」と子どもたちに感じてもらえるように、理科の指導を行っていきたいと思います。そのためにも、さらに、私自身、自然事象と触れ合う体験を多くし、自然の中から新たな発見をし、知識の幅を広げ、理解を深めていきたいと思います。このことによって子どもたちの身近な自然事象を用いたオリジナルな授業を展開することができるのではないかと考えます。また実験器具や教材・教具に関しても、子どもたちに身近なものを生かし私自身で手作りで作成したものを準備し、授業で使っていくことにより、理科が取っつきにくいと思う子どもを少しでも減らすことができるのではないかと思います。

　また、観察や実験についてもたくさん取り入れていきたいと思います。やはり、理科は規模が大きい分、体全体で感じていくことが大切であると考えます。そのため、教師としては、事前の準備など、大変な面は多くありますが、なるべく子どもたちが体を動かし、実際に目で見て、肌で感じ、「すごい！」と思えるように、理科授業を構成していきたいと思

います。そうすることによって、子どもたちが、「次はどんな実験をやるんだろう」と理科の授業を楽しみに思い、理科についての興味や関心を広げ、学習意欲を高めることができると思います。私自身、努力を惜しまず、子どもたちにたくさんの経験や体験をさせてあげたいと思います。

そして、小学校で理科を指導する立場になったとき、今回の「理科教育法」の授業で感じたように、私自身の自然事象に対する不思議さや面白さ、感動をいつまでも忘れず、子どもたちと一緒になって、自然から学ぶ気持ちをしっかりともって、理科授業を行っていきたいと思います。

【M大学　Kさん：2010年8月】

ここに紹介したように、教師となった後の意欲ある理科授業への抱負をほとんどの受講学生が述べている。このような、理科授業への熱い思いは、現職の先生方や先生をめざしている学生のみなさんが抱いていることだと思う。その熱い思いをいつまでも抱き続けてほしいと願っている。

小学校高学年、中学校、高等学校時代とあまり理科が好きでなかった人も、今からで十分なので、この大自然の中で1つでいいので、あなた自身の発見をしてみていただきたい。特に、近い将来、小学校、中学校、高等学校などの教師をめざす人、すでに教壇に立っている人、本書第2部の第2章、第3章の授業例や宮下（2010）[5]で紹介をした授業例を参考に探していただきたい。1つ発見できれば、それを子どもに心を込めて指導していけることができるものと確信している。

教える教師自身が「楽しい」「ウキウキする」と感じる理科授業でなかったら、子どもたちに自然事象の楽しさや不思議さを伝えていくことはできない。子どもを指導する教師自身が自然事象と触れ合い、新たな「発見」をし、自分自身が「すごい！」、「面白い！」、「不思議だな」など大きな感動を体験することが一番である。

現職の先生方、そして先生をめざしている学生のみなさん、普段の生活の中や街を歩いている中で、まずは「これは何だろう？」、「どうしてだろう？」など、自然事象に対して不思議さを常にもっていてもらうことが必要である。その上で、書籍やインターネットで概要を調べ、自分自身で確かめてみるこ

とである。すると、次には、「すごい！」、「面白い！」、「分かった！」とつながっていくと思う。ここにこそ、教師自身の自然事象に対する「楽しい」「ウキウキする」が出てくるのである。この感動を是非、子どもたちに心を込めて伝えてあげてほしい。当然、観察や実験により自然事象の実物に触れさせながら。

　中学校や高等学校の理科は、数字を扱ったり、理論が多く出てきたりすることから理科が面白くなくなってくると言われる。しかし、先生の授業の仕方で、または先生の自然事象への熱い思いで生徒は変わっていくものである。当然、小学校の児童にとっても同じである。著者である私自身もさらに自然事象から新たな発見に努めていきたい。子どもの「すごい！」を引き出す理科授業を数多く行い、自然大好きな子どもを一緒にはぐくんでいこう。

【引用文献】

1) 中央教育審議会『幼稚園、小学校、中学校、高等学校及び特別支援学校の学習指導要領等の改善について（答申）』，2008.
2) 文部科学省『小学校学習指導要領』，2008.
3) 神奈川県立総合教育センター『＜小学校＞言語活動の充実を図る学習指導事例集』，2010.
4) 宮下　治『野外自然体験学習と理科教育－よりよい指導のために－』，春風社，2009.
5) 宮下　治『実践 理科教育法－子どもの「すごい！」を引き出す手作り授業－』，関東学院大学出版会，2010.

おわりに

　理科の授業では、「問題解決の活動」を重視しています。子どもが「問題解決の過程」を通して、「事象を比較したり」、「関係付けたり」、「条件に着目したり」、「推論したり」、「分析・解釈したり」して追究することを重点化し、「問題解決の能力」の育成が図られるように意図されます。また、子どもの科学的な見方や考え方が一層深まるように、観察・実験の結果を整理し考察し表現する学習活動を重視すること。特に、観察・実験において結果を表やグラフに整理し、予想や仮説と関係付けながら考察を言語化し、表現することが求められています。

　教師にとって授業づくりはすべての教職生活を通した大きな課題です。「今日の授業は失敗かな。」「今日の授業はうまくいったな。」「明日は、授業のはじまりをこうしよう。」「誰から指名しようか。」本来、教師の授業づくりへの思いは尽きないはずです。現在は、生徒指導、教育相談等々、学校で教師が取り組む必要のある課題が山積していることも事実です。このような職責を果たすと共に、学校の使命は、子どもに魅力ある授業を提供することにあることを忘れてはいけません。学級指導で波風が立たなければ教師として充実感に浸れると考えるようでは不十分です。先生と呼ばれる職業に就くからには、学校の本来の使命をいつも肝に銘じる必要があるのです。

　「一年先を思う人は穀物を育て、十年先を思う人は木を育て、百年先を思う人は人を育てる」

　教師という仕事は創造的な仕事です。「創造する」ためには、深い根と太い幹が必要となります。深い根と太い幹を育てていくためには、理論を学び実践で検証し、また新たな理論を創造するという往還が必要となります。今、理論と実践の往還に乏しい学校では、授業づくりの理論を自らの実践の場である授業に取り入れようとしているでしょうか。「子どもの変容で応えよ」実践の知こそ学校の生命線であることは言うまでもありません。しかし、理論に裏付けられた実践こそ力強いし揺るがないのです。ここで言う理論と

は、学校の「臨床の知」から生み出された理論を指します。指導観の「観」として語られていたことを科学することが、プロの教師を志す上で重要なことだと若き日に思い描いて欲しいと思うのです。

　これから教壇に立つ、あるいは立ったばかりの方は、学習を科学することを認識し、授業が脆弱な試みにならないよう志向してください。例えば、今日では、理科教育学研究の動向は、小・中学校で行われる授業を研究のターゲットとしたものが多くあり、今後もそれは発展し続けるでしょう。教員養成や免許更新制度についての議論が展開されています。もはや大学は初任者の養成教育は当然のこと、熟達したプロ教師の育成へとその軸足を整えつつあります。教師が育てた「臨床の知」は、研究発表会で打ち上げ花火のように終わり、他の学校で語られ受け継がれることがなく忘れさられ、また同じようなことを繰り返すようであってはなりません。

　ぜひ、本書をいつも手元においていただき、理科の授業づくりの考えを学んでいただきたいと思います。本著は、まさに、教壇に立つことを学ぶ学生、初任者、もう一度理科授業を学び直してみたいという先生方のための著書として記しました。学ぶことは真似ることからはじまります。私たちは、まさに真似るモデルをここに示しています。そして、このモデルを超えてオリジナリティ溢れる授業を創造し、周囲の教師を導くリーダーとなってください。その礎の著書となることを願って。

　2011（平成 23）年 8 月

宮　下　　　治
益　田　裕　充

著者紹介

宮下　治（第1部 第1章、第2部 第1章、第2章、第3章、第4章）

関東学院大学人間環境学部准教授・博士（学校教育学）

　1956年に東京都に生まれる。東京学芸大学教育学部卒業。東京学芸大学大学院教育学研究科修了。2008年3月に兵庫教育大学連合大学院学校教育学研究科から学位論文提出により博士（学校教育学）を取得。東京都立高等学校教諭、東京都立教育研究所指導主事、東京都教育委員会指導主事、主任指導主事、課長等を経て現職。日本科学教育学会編集委員、日本地学教育学会評議員・常務委員。文部科学省におけるTIMSS等の調査に関わる。

<著書>
・『生命の地球，第3巻「爆発する生命」』（共著）全13巻，三友社出版，2000.
・『野外自然体験学習と理科教育－よりよい指導のために－』（単著），春風社，2009.
・『実践 理科教育法－子どもの「すごい！」を引き出す手作り授業－』（単著），関東学院大学出版会，2010.
その他多数．

<論文>
・『理科自然体験学習における学習支援の類型化とその実践による評価－学習支援と教員の成長との関わり－』（単著），日本科学教育学会誌「科学教育研究」，第33巻，第2号，2009.
・『学校教育における理科野外学習を推進するための課題と解決策に関する研究』（単著），日本理科教育学会誌「理科教育学研究」，第51巻，第2号，2010.
その他多数．

益田 裕充(ます だ ひろ みつ)（第1部 第2章、第3章、第4章）

群馬大学教育学部准教授・博士（学校教育学）

　1964年に埼玉県に生まれる。埼玉大学教育学部卒業。上越教育大学大学院学校教育研究科修了。2008年3月に兵庫教育大学連合大学院学校教育学研究科から学位論文提出により博士（学校教育学）を取得。埼玉県公立中学校教諭、埼玉県深谷市教育委員会学校教育課課長補佐兼指導主事を経て現職。日本理科教育学会役員・理事。文部科学省において教育課程実施状況調査、TIMSS等に関わる。

＜著書＞
・『確かな学力を育む理科教育の責任－「わかる」授業の構想から実践まで－』（単著），東洋館出版社，2003.
・『CD-ROM版中学校理科教育実践講座第5巻』（編著），ニチブン，2003.
・『言語活動の充実と思考力・判断力・表現力を育む中学理科授業1年、2年、3年（仮題）』全3巻（編著），学校図書，2011.
その他多数.

＜論文＞
・『発展的な学習内容と推論の相違に基づく子どもの科学的認識の実態』（単著），日本理科教育学会誌「理科教育学研究」，第50巻，第1号，2009.
・『角距離の概念と推論の相違が「月の満ち欠け」の理解に与える影響』（共著），日本科学教育学会誌「科学教育研究」，第35巻，第1号，2011.
・『理科授業を苦手とする小学校教師による授業方略の研究―IRF三項連鎖構造を用いた考察の局面の検証を通して―』（共著），日本理科教育学会誌「理科教育学研究」，第52巻，第2号，2011.
その他多数.

理科授業の理論と実践
―子どもの「すごい！」を引き出す手作り授業―

2011 年 8 月 31 日　第 1 刷発行

著　者　　宮　下　　　治
　　　　　益　田　裕　充

発行者　　関東学院大学出版会
　　　　　代表者　大　野　功　一
　　　　　236-8501　横浜市金沢区六浦東一丁目 50 番 1 号
　　　　　電話・(045)786-5906 ／ FAX・(045)786-2932

発売所　　丸善出版株式会社
　　　　　140-0002　東京都品川区東品川四丁目 13 番 14 号
　　　　　電話・(03)6367-6038 ／ FAX・(03)6367-6158

デザイン／版下制作・斉藤綾一
印刷／製本・三美印刷株式会社

Ⓒ2011　Osamu Miyashita
ISBN 978-4-901734-42-4 C3037　　　　　　　Printed in Japan